きっぷのルール
ハンドブック

増補改訂版

土屋武之

実業之日本社

はじめに

　私が小学生5、6年生だった1977 ～ 78年頃、国鉄が「一枚のキップから」というキャンペーンを展開していました。今に語り継がれている「ディスカバー・ジャパン」と「いい日旅立ち」の間に挟まれて目立つことはあまりなく、テーマソングもさほどヒットしなかったようなのですが、ちょうど鉄道旅行に関心を持ち始め、一人旅を試みるようになった私の心に、この「一枚のキップから」という言葉は深く刻みこまれました。お小遣いを貯めて、初めて自分で買った、あこがれの列車のきっぷを手にした時のことは、はっきりと覚えています。

　鉄道旅行は、きっぷを買うところから始まります。隣りの駅まで買い物に行くにしても、遠く見知らぬ土地へ初めての旅に行くにしても、1枚のきっぷが導いてくれるのです。

　この本では、あまりに日常的な存在である「きっぷ」が、どういう仕組みの下で発売され、どういう規則に基づいて運用されているのかを、初心者向けに基礎の基礎から解説してます。

　鉄道は規則づくめの世界といわれますが、きっぷもまた同じで、詳細で複雑なルールが定められています。そして、そのルールは極めて論理的かつ体系的に構築されているので

す。その体系を知ることができたら、規則の〝意味〟を知ることができたら、何気なく買ったきっぷも、興味深い存在に変わるのではないでしょうか。そして、いわれるがままに運賃・料金を支払っていたきっぷに対し、面白さを感じるのではないでしょうか。

　さらに、旅する自分がみずから、きっぷのルールを知ることができれば、プランニングや旅行そのものがより楽しくなるはずです。出発する駅から目的地の駅までの運賃がどのように計算されているのか。乗車する特急の料金にはどういう意味があるのか。それがわかれば、鉄道旅行が「誰かに導かれ、教えられてするもの」から「自分で道を切り開いて進むもの」に変わるとでもいいましょうか。

　ルールに精通するようになれば、ルールと向き合って、ルールに則った上で、安くお得に旅ができるようになります。実際に旅に出なくても、時刻表をめくって机上旅行をするのもまた、楽しくなるでしょう。時には思わぬ発見があるかもしれません。単純な「節約術」に留まらず、論理の構造を探り、論理に立ち向かう、知的な遊びです。

　また、知識が深まれば、旅先での行動にも自由が増すでしょう。次々に現れる状況にどう対処すればいいのか。知識を用いれば、難しさは和らぐはずです。それが自分の気まぐれ心であっても、突然のトラブルであっても同じです。

　この本を著すにあたり、中学生の時に初めて手にした、種村直樹さんの『鉄道旅行術』（日本交通公社刊）と『汽車旅相談室』（実業之日本社刊）のシリーズは、深く意識せざ

るを得ませんでした。これらの本は、何も知らなかった幼い私の、まさに蒙をひらいてくれました。これらの本がなければ、私は鉄道旅行に出かけることもなく、今の職業に就いていることもなかったでしょう。種村さんには、いくら感謝しても感謝しきれない、ご恩があります。

　おこがましいことではありますが、この「きっぷのルール」も、鉄道の旅へ出かける今の若い世代の、背中を押す本になることを期待しています。私が初めて一人で乗った長距離列車は、山陽新幹線の「ひかり」でした。あれから四十数年。携帯電話やインターネット、ICカード乗車券などが登場し、世の中も鉄道も大きく変わりました。私もチケットレスで頻繁に「のぞみ」に乗るようになりました。時代が変われば、旅の手引きも変わらなければいけません。

　けれども、きっぷを手にして旅立つあの感動は、いつの時代であっても、変わらないはずです。

　　2020年3月・平穏な旅立ちを願って

【改訂新版の発行にあたって】
前回の改訂版刊行より約3年が経過し、新幹線の開業などを機にきっぷのルールにも変化が生じました。改訂に当たっては2020年3月14日ダイヤ改正時点の情報を盛り込んでおります。

　　　　　　　　　　　　　　鉄道ライター・土屋武之

CONTENTS

はじめに 1

**鉄道旅行では、これだけ旅客営業規則が適用されている
「きっぷのルール」と旅の楽しみ、フル活用の旅!** 12

「きっぷ」についての基礎知識

1-01　「きっぷ」とは、何か?
輸送サービスを受けることができるという証明 22

1-02　「きっぷ」が発売される根拠は?
鉄道営業法など、法律、政令、規則によって定められている 25

1-03　鉄道に乗るのに必要なきっぷ
乗車券・特急券・グリーン券など、きっぷの種類はさまざま 28

1-04　乗車券にはどんな種類がある?
普通乗車券は片道・往復・連続の3種類。定期券や回数券も仲間 31

1-05　きっぷの買い方・買える場所
駅の窓口や券売機で買うのが基本であることには変わりない 34

1-06　きっぷはいつから買える?
指定券は1カ月前の同じ日の10時から買うことができる 36

1-07　何歳からがおとな?
年齢によるが、実際は小学生か中学生かで区分 38

1-08　交通系ICカードとは?
Suica、ICOCA、PASMOなど、全国的に広く普及して相互に使える便利なカード 41

1-09　窓口に並ばずにきっぷを買うには?
JR旅客全社でインターネット予約サービスを展開。便利だけれど制限もある 44

| 1-10 | **指定券自動券売機を活用しよう!** |
| | 今の自動券売機は「万能」 機械で買えないきっぷはほとんどない? ...... 48 |

| 1-11 | **チケットレスサービスとは** |
| | インターネット予約から、きっぷの受け取りなしに列車に乗れる ...... 50 |

| 1-12 | **クレジットカードを使うには?** |
| | きっぷはクレジットカードで買える　変更や払い戻しなどもルール通り ...... 53 |

第2章

きっぷのルール「乗車券編」

| 2-01 | **運賃計算の基本──乗車券のルール①** |
| | 乗車駅から下車駅までの「営業キロ」を算出し運賃表に当てはめる ...... 56 |

| 2-02 | **「幹線」と「地方交通線」 ──乗車券のルール②** |
| | 路線や会社によって、適用される運賃が異なる ...... 59 |

| 2-03 | **「都区内、特定市内発着」運賃計算の特例1──乗車券のルール③** |
| | 大都市圏発着の乗車券の特別ルールで中心駅から計算する ...... 62 |

| 2-04 | **「大都市近郊区間」運賃計算の特例2──乗車券のルール④** |
| | 乗車経路にかかわらず、最短経路で運賃を計算するエリア ...... 65 |

| 2-05 | **「特定区間」「選択乗車」「都区内の通過」「区間外乗車」運賃計算の特例3──乗車券のルール⑤** |
| | 乗車券に指定された経路以外に乗れる「特例」の数々 ...... 67 |

| 2-06 | **新幹線と在来線の関係──乗車券のルール⑥** |
| | 新幹線は並行する在来線と「同じ路線」と見なすが、一部例外も ...... 71 |

| 2-07 | **「連絡運輸」とは?──乗車券のルール⑦** |
| | JRと私鉄など、異なる会社間にまたがる乗車券を1枚で買える ...... 74 |

| 2-08 | **乗車券の有効期間──乗車券のルール⑧** |
| | 営業キロ200kmごとに、有効期間が1日ずつ延びてゆく ...... 76 |

2-09	**途中下車──乗車券のルール⑨**	
	乗車券の区間内で改札口からいったん出ること	78
2-10	**入場券のルールと使い方**	
	改札内へ入る時に必要　時間制限がある会社もある	80
2-11	**私鉄の乗車券の面白い制度**	
	途中下車など、JRとは少々違う制度を持つ私鉄もある	82

●きっぷのルール　応用編①

133円でどこまで乗れる?　東京近郊区間大回り最長ルートは? ………84

第3章

きっぷのルール「指定券編」

3-01	**料金計算の基本──特急券のルール①**	
	乗車区間の「営業キロ」に応じて料金が変わる	86
3-02	**会社や季節によって違う特急料金──特急券のルール②**	
	A特急料金とB特急料金があり、さらにJR各社により料金が違う	88
3-03	**指定席と自由席──特急券のルール③**	
	特急料金は指定席が基本。自由席には自由席特急券	90
3-04	**乗継割引──特急券のルール④**	
	新幹線と在来線、本州と四国の列車を乗り継ぐと割引	92
3-05	**新幹線特急券の特例──特急券のルール⑤**	
	新幹線は列車の乗り継ぎが可能だがミニ新幹線の計算方法は特殊	95
3-06	**在来線特急券の特例──特急券のルール⑥**	
	「通過連絡運輸」や1枚の特急券で特急の乗り継ぎが可能	98
3-07	**グリーン料金などは「設備使用料金」──グリーン券などのルール①**	
	特別な設備を使うために、加算される料金	101

3-08 **料金計算の基本──グリーン券などのルール②**
グリーン料金は距離に応じる　その他は一律の料金 103

3-09 **グリーン料金などの特例──グリーン券などのルール③**
特急券の特例に準じるが、乗り得な「特例」も 105

3-10 **乗車整理料金とホームライナー料金──グリーン券などのルール④**
「座席の確保」を目的とした料金で、今は通勤ライナーに適用 107

3-11 **個室を使う時には──グリーン券などのルール⑤**
日本では珍しい「個室」を利用する時に必要な料金 109

3-12 **私鉄の特急券などの面白い制度**
近鉄特急は1枚の特急券で「乗り継ぎ」が可能 111

OPINION1 運賃+料金という制度は今後も維持される?

複雑なJRの運賃制度は変革できるか 113

新幹線利用と同じ予算で、どこまで楽しめるか
青春18きっぷを使って旅をしよう! 117

第4章

お得に、賢く列車に乗る方法

4-01 **長く乗るほど安くなる──遠距離逓減制度や往復乗車券を活用しよう**
乗車する距離が長くなれば、相対的に運賃が割安になる 126

4-02 **有効期間を「有効に」使おう!**
往復乗車券、連続乗車券の有効期間の〝妙〟 129

4-03 **時には分けて買った方が得?**
〝分割買い〟やインターネット予約を使い安く上げる技 132

4-04 **割引きっぷとは?**
乗車券、特急券などを、条件に合わせて割り引いたきっぷ 134

4-05 割引きっぷの種類
大きくわけて三つのタイプがあるので、使い分けよう ………………… 136

4-06 割引きっぷはどれほどお得か?
数回乗れば元が取れる「乗り放題タイプ」。往復乗車券より安いきっぷも 138

4-07 割引きっぷの王様…「青春18きっぷ」の基礎知識
1日あたり2370円で普通列車に24時間乗り放題 好きなだけ、自由な行路で旅を楽しもう 140

4-08 「青春18きっぷ」活用法〜応用編
飛行機や特急も使おう。第三セクター鉄道にも乗れる!? ……………… 143

4-09 割引きっぷの「制約」
「安いのには理由がある」 割引きっぷは制約に注意 ………………… 145

4-10 注目したい会員割引
「ジパング倶楽部」や「大人の休日倶楽部」など各社で充実 ………… 147

4-11 ネットで予約すると安くなる?
「えきねっとトクだ値」などの割引価格が嬉しい ……………………… 149

4-12 人気列車の指定券を確保するには?
「ねばり腰」で取り組もう 最後まであきらめずに! ………………… 151

4-13 どの列車が混雑するのだろう?
混んでいる列車は避けて、ゆったりのんびり旅するには? …………… 153

4-14 好みの席を確保するには?
座席の位置はリクエスト可能。みどりの窓口で申し出よう …………… 155

4-15 大丈夫? 座れる? 自由席
まず列車の編成と停車位置を確認すること ……………………………… 157

4-16 レール&レンタカーきっぷ JRの割引率も大きい!
運賃が20% OFF、特急料金・グリーン料金まで10% OFF …………… 159

4-17 旅行会社の「ツアー」も"使える"!
人気列車への乗車ツアーや、宿がセットのフリープランもある ……… 161

●コラム

昔、懐かしい「周遊券」 …………………………………………………… 163

予期せぬアクシデントへの対応
「あけぼの」乗車始末記 ... 166

トラブル、アクシデントに遭ってしまったら?

5-01	**旅行の予定が変わってしまった…──きっぷを変更する時のルール①**	
	指定券を含む乗車券類は、乗車前なら1回だけ変更できる	174
5-02	**旅行の途中で予定変更!?──きっぷを変更する時のルール②**	
	もし、列車に乗った後で予定を変えるには?	176
5-03	**泣く泣く旅行中止に…──きっぷを払い戻す時のルール①**	
	きっぷを払い戻すには手数料が必要ですが、その金額を小さくする裏技とは?	178
5-04	**旅に出てから旅行中止…──きっぷを払い戻す時のルール②**	
	旅行開始後、途中で中止しての払い戻しは、制約があるが可能	180
5-05	**列車を乗り間違えた! 乗り遅れた!**	
	自分がミスをしてしまった時は、どうすればよいか	182
5-06	**きっぷをなくしてしまったら……**	
	もう一度、同じきっぷを買って、見つかったら払い戻し	184
5-07	**運転見合わせ!?──大都市圏でよくある「振替輸送」のしくみ**	
	きっぷを持っていれば振替輸送してもらえるが、IC乗車券では基本的にNG	186
5-08	**不通区間が発生!──もしもの時のきっぷの決まり①**	
	旅先で、天災や事故で列車が運転できない事態に遭ったら	189
5-09	**乗るはずだった特急が来ない!?──もしもの時のきっぷの決まり②**	
	特急が運休、運転打ち切りとなった場合は どうなるのか	192

5-10 **乗った特急が大幅に遅れた…──もしもの時のきっぷの決まり③**
2時間以上の遅れが出たら、特急料金は払い戻し 194

●きっぷのルール　応用編②
トラブルに遭った時の心構え 196

| 「お得」に「長く」列車を楽しむ
| **「一日乗車券」をとことん使う!　〜めざせ、東京の地下鉄"完乗"** 197

第6章

旅先の楽しみと旅のヒント

6-01 **使いこなせると便利!──時刻表**
インターネット検索が普及しても、時刻表ならではの見やすさがある 206

6-02 **「サンライズエクスプレス」に乗りたい!**
毎日走る最後の寝台特急　寝台はすべて個室 208

6-03 **「SL列車」や「観光列車」に乗るには?**
JRが運転している列車ならば、乗車方法は基本通り 210

6-04 **旅先で何を食べよう?**
食堂車や車内販売は少なくなったけれど、駅弁や駅前食堂の楽しみも 212

6-05 **どこに泊まる?──旅先の宿選び**
全国チェーンのビジネスホテルや駅前旅館を活用しよう! 215

6-06 **子供づれでも大丈夫?──最新トイレ事情**
新型車両には赤ちゃん用の設備も完備 217

6-07 **ペットと一緒に旅ができる?──「手回り品」の話**
列車内へ持ち込める物品には制限がある 219

6-08 **鉄道会社の公式サイトは情報の宝庫!**
旅に関するあらゆる情報を、自ら発信している 221

6-09 モバイル端末を活用しよう!
便利なタブレットやスマホ　旅先で使える楽しいアプリも 223

6-10 現地の人に聞くのがいちばん──観光案内所を利用してみよう
情報収集はもちろん、宿の紹介や自転車の貸し出しなどもある 225

6-11 気軽に温泉を楽しみたい──日帰り入浴を利用してみよう
どんどん「外湯」へ!　安い料金で温泉に入れるのが魅力 227

6-12 記念写真を上手に撮ろう!
写真は旅行にはつきもの　きれいに撮って思い出に残そう 229

6-13 鉄道趣味のいろいろ
はまると奥深い、鉄道の世界を趣味として楽しもう 231

OPINION2 eチケットや交通系ICカードがもはや常識に
「きっぷ」はますます電子化が進む 233

OPINION3 スマホの中に旅のすべてを
「スマホアプリ」はおなじみになる 234

〈資料〉
鉄道営業法 236
鉄道運輸規程 241

索引 252

本書をお読みになる方へ

※本書に記載した運賃、料金、制度等は、2020年3月現在のものです。また、掲載しているきっぷの写真など現行とは異なる運賃・料金のものがあります。本書刊行後、運賃・料金や制度の改定がある可能性がありますので、最新の情報をお確かめの上、ご利用ください。
※本書ではJR各社のルールを基本として解説しています。私鉄各社のルールもほぼこれに準じたものですが、異なる場合も多々あります。個別の事例は挙げていませんので、ご留意ください。

鉄道旅行では、これだけ旅客営業規則が適用されている

「きっぷのルール」と
旅の楽しみ、
フル活用の旅！

日ごろ、深く考えずに鉄道で旅を
していても、きっぷを買って列車
に乗っている以上、必ず何かの
「きっぷのルール」が下敷きとなって、乗車券などが発売されているは
ずだ。では、どこにどのような規則が適用されているのか。ルールを
活用した長い旅に出て、実際に体験してみようというのが、この記事の
主旨だ。途中では、鉄道旅行の楽しみも味わってみたい。

連続乗車券を購入

　取材に出かけるにあたっては、
やはりプランニングが肝要だ。い
ろいろと楽しんだけれど、適用さ
れるルールができるだけ多くなる
よう工夫した。実施したプランは
20ページの通り。2020年2月10
日夜に、只見線沿線の柳津温泉に
ある「花ホテル滝のや」での講演
会を引き受けていたので、それを

軸に、連続乗車券（1-04）になる
ようまとめた。
　わかりやすいよう行程を表にま
とめて、自宅最寄りのJR武蔵溝
ノ口駅のみどりの窓口へ出向いた
のが1月15日。しかし経路が多す
ぎて「マルス」では対応できず、
後日、手書きの補充券での発券と
なった。電話連絡があって、引き
取りに行ったのが1月23日。1月
29日の出発には十分、間に合っ

たものの、余裕が必要だった。

値段は、乗車券だけで3万3510円。これで連続1・連続2を合わせて2891.5kmも乗れるから、遠距離逓減制（4-01）の恩恵を存分に受けた。経路はJR東日本、JR東海、JR西日本の3社にまたがっているが、当然、営業キロは通算（2-01）の上で、運賃が計算されている。

「サンライズ出雲」で出発

旅の一番手は唯一の寝台特急「サンライズ出雲」（6-02）とし、米子までの個室B寝台シングルの寝台券も購入した。乗車券の経路上は伯備線と山陰本線を伯耆大山で乗り継ぐようになっているが、「サンライズ出雲」は停車しない

「サンライズ出雲」入線

京都丹後鉄道で通過連絡運輸を試す

ので、区間外乗車（2-05）の特例が使える。ただし途中下車はできないので、精算所で伯耆大山〜米子間の運賃190円を払って、朝のコーヒーとする。乗車券には「伯耆大山駅 代・米子」のスタンプが押されたが、正しい取り扱いだ。

ここからは寄り道しながら東へ戻る。最初の目標は第三セクター鉄道の京都丹後鉄道とした。JRの旅客6社全駅の相互間で通過連絡運輸（2-07）が可能なので組み込んだのだ。天橋立から西舞鶴までは、観光列車「あかまつ4号」に乗車。550円の乗車整理券が必要だが、これはインターネット経由で予約、決済し、乗車当日に有人駅（今回は豊岡）できっぷを引き取る仕組みだった。車内改札では若手のアテンダントが、私の乗車券にとまどったが、側にいた先

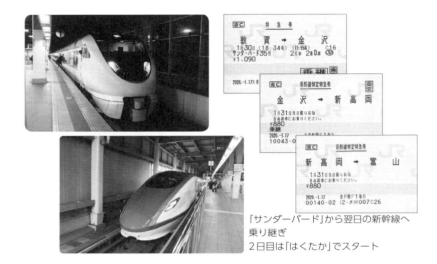

「サンダーバード」から翌日の新幹線へ乗り継ぎ
2日目は「はくたか」でスタート

輩がアドバイスして納得。勉強になっただろう。

乗継割引に乗車券類変更

乗車券のルートが重ならないよう地方交通線の小浜線を通って敦賀に抜ける。運賃は換算キロ（2-02）を使って他の路線と通しで計算されている。

初日は敦賀で終わるつもりだったが、出発前に「在来線から新幹線へ乗り継ぐ場合は、翌日でも在来線特急料金を割引（3-04）」というルールを紹介できると思い直し、一度買った1月31日の「サンダーバード1号」の特急券を、30日の「サンダーバード35号」へ乗車券類変更（5-01）した。31日は金曜日で特急料金は通常期だが、30日は木曜日で閑散期（3-02）になるので、なお安くつく。特急券には「乗変」の文字が入った。

翌朝は北陸新幹線「はくたか」で富山に向かうが、特急券は金沢～新高岡、新高岡～富山と分割して買ってみた（4-03）。880円×2＝1760円で、金沢～富山間の自由席特急料金1870円より安い。金沢～新高岡間の特定特急券（3-05）は「サンダーバード35号」の特急料金を割引く根拠となったが、新高岡～富山の特定特急券で

14

「きっぷのルール」と旅の楽しみ、フル活用の旅!

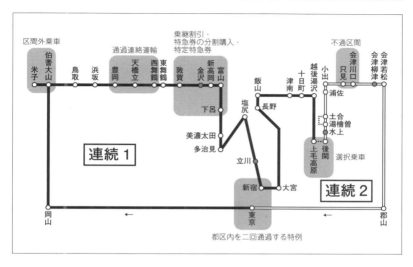

「ひだ」には乗継割引は適用されず

下呂温泉を堪能する

「(ワイドビュー)ひだ8号」では、思い切ってグリーン車(3-07)をおごり下呂まで行く。高山本線も地方交通線で、富山〜下呂間は換算キロ151.3kmながら、営業キロは137.5kmしかなく、150kmまでのA特急料金が適用される(3-01)。

下呂で降りたのは、もちろん名高い温泉に入るため。当日中に帰宅するつもりなので、逆算すると、持ち時間は「(ワイドビュー)ひだ12号」が出る14時14分まで約2時間ある。駅の脇に観光案内所

は「ひだ」の特急料金は割引にならず残念。北陸新幹線で乗継割引が適用される駅は長野と金沢だけと決められており、富山は外されている。

15

「しなの」は約35分遅れた

(6-10) があったので情報収集する。日帰り温泉 (6-11) としては、いくつか候補があったが、お昼ご飯も食べられるところとして、駅から近い旅館「水明館」が良さそうだ。館内で食事をすると入浴料1100円が半額の550円になるという、耳よりな話も観光案内所で聞けた。下呂郵便局での旅行貯金 (6-13) も達成。

十二分に満足して戻ったら、「ひだ12号」の発車間際だった。しかし、下呂駅は乗車位置案内がしっかりしている。自由席特急券を買って、編成を確認して列に並び (4-15)、無事に席につけた。

「しなの」の遅れで救済停車

東海道本線と重ならないよう、美濃太田から太多線、中央西線と進む。ただこの日は風が強く、架線に物がからまり、「(ワイドビュー) しなの19号」が35〜37分遅れた。2時間以上の遅延になれば特急料金払い戻し (5-10) だが行程は大きく乱れてしまう。

予定では塩尻から上諏訪行き普通、上諏訪からは塩尻通過の「あずさ32号」に乗るつもりが、到着が遅れ普通列車は発車後。しかし松本で「しなの」から「あずさ」に乗り継ぐ客（塩尻〜松本間も区間外乗車可能）がいたらしく、「あずさ32号」が塩尻に臨時停車するとの放送が「しなの」で流れた。喜んで便乗させてもらう。

特急券はえきねっとの「チケッ

「あずさ32号」が塩尻に臨時停車して救済

トレスサービス」(1-11)で上諏訪から新宿まで買っていたが、料金の区分が上がる塩尻から乗っている。座席上のランプも利用区間の青ではなく赤のままなので、乗車後すぐ遅れの「しなの」からの乗り継ぎである旨を車掌に申告。そのままどうぞとなる。夜も更け、空席も多かったので迷惑はかかるまいと自宅に近い立川下車に変更し、特急券の前途は放棄した。

有効日数をフル活用

今回使った連続乗車券は、連続1が13日間、連続2が4日間、合わせて17日間と十分な有効期間がある(2-08)ので、いったん自宅に戻り、仕事をこなしてから2月9日日曜日に再び出発。前半戦を立川で終えたので、立川から新宿までの区間も乗っておく。

西荻窪からは再び、出発地である東京都区内に入るが、特例を活

モバイルSuicaグリーン券をタッチ

かして(2-03)、都区内発ではなく単駅の「東京発」の乗車券とし、経路を重ねずに設定してクリアしている。そのため、新宿からは湘南新宿ラインで大宮へ。モバイルSuicaでグリーン券(3-08)を買って楽をする。赤羽〜大宮間は特定区間(2-05)で、埼京線を経由してもよい。

大宮からは北陸新幹線で飯山を目指す。「はくたか555号」に乗ればいいのだが、改札口を出なければ特急料金を通算できる新幹線の特例(3-05)を試すべく、「かがやき505号」で長野まで先行す

「かがやき」が大宮に入線

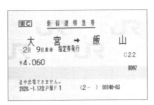

飯山線では大雪に見舞われた
（森宮野原駅）

る。記録的な暖冬といわれたシーズンだが、飯山まで来るとさすがに積雪は多い。国際色豊かなスキーヤー、スノーボーダーたちが、新幹線で続々と詰めかけてきていた。

連続1を使い納める

津南駅内の温泉

乗り継いだ飯山線の列車を津南で降りたのは、珍しい駅内温泉（6-11）に入るためだ。建物自体が津南町の施設「リバーサイド津南」になっており、その中に駅事務室や温泉施設がある形である。開館時刻は14時で、待合室でしばし待つ。男湯から列車が眺められ、無料の休憩所もある楽しいところだが、利用できる列車が限られるのが難点ではある。

津南からは越後川口経由で越後湯沢に向かうつもりだった。だが十日町まで来たところで、北越急行が先発することに気づき、六日町まで340円の乗車券を買って気分を変える。十日町〜越後川口〜六日町間は乗らないことになり、払い戻しもないが、権利を放棄するのは自由だ。

おかげで1本早い上越新幹線に間に合い、越後湯沢〜後閑・越後湯沢〜上毛高原の選択乗車（2-05）を実践して、連続1を使い終える。上毛高原駅の係員は、なんの戸惑いもなく「使用済」のスタンプを押して、記念に持ち帰らせてくれた。後閑まではバスでつなぎ、連続2を使い始めて、この日は水上温泉泊まり。

新幹線の混雑を予想

翌2月10日は時間があるので、午前中は「トンネル駅」として名高い土合や湯檜曽を訪問。湯檜曽～土合間は2回乗るので、あらかじめ水上駅の指定券自動券売機（1-10）で乗車券を別に買っておく。只見線の列車も限られ、浦佐で途中下車（2-09）して旅行貯金を楽しむなど時間調整する。

只見線の只見～越後川口間は2011年の水害以来、不通が続き、代行バス（5-08）が走る。2021年度にようやく列車での運転が再開

土合駅の改札口に続く階段

される見込みだ。全国でも屈指の車窓が美しい路線だけに、復旧が待ち遠しい。

「花ホテル滝のや」での講演会も無事に勤め上げ、そのまま1泊。2月11日の建国記念日は会津若松経由で帰る。磐越西線の快速の郡山着が12時12分。すぐ12時30分発の「やまびこ138号」があるが見送って、12時36分発の「やまびこ212号」を選ぶ。「138号」は通過駅があり、東京にも13時48分に着くが、混雑するだろうと予想（4-13）したからで、案の定、普通車指定席はほぼ満席。それに対し各駅停車の「212号」は東京14時16分着と遅いが、ガラガラに近かった。

上越新幹線で選択乗車を実践

連続乗車券の折り返し駅の後閑

きっぷのルール・フル活用旅　（）内は所定時刻

	利用列車・ポイント	時刻	活用するルール・ポイント	関連項目
1月29日(水)〜30日(木)	サンライズ出雲	東京22:00→米子9:03	JR会社間またがり運賃、遠距離逓減制、寝台特急	2-01、4-01、6-02
	スーパーまつかぜ6号	米子9:50→鳥取10:58	区間外乗車（米子〜伯耆大山間）	2-05
	530D	鳥取11:09→浜坂11:52		
	快速1172D	浜坂12:07→豊岡13:16		
	京都丹後鉄道232D	豊岡14:04→天橋立15:21	通過連絡運輸	2-07
	京都丹後鉄道あかまつ4号	天橋立15:31→西舞鶴16:27	観光列車	6-03
	343M	西舞鶴16:33→東舞鶴16:40		
	941M	東舞鶴16:42→敦賀18:29	換算キロ	2-02
	サンダーバード35号	敦賀18:34→金沢19:55	特急料金の閑散期、在来線→新幹線の乗継割引、乗車変更	3-02、3-04、5-01
	ホテルルートイン金沢駅前（泊）			6-05
1月31日(金)	はくたか558号	金沢9:21→富山9:44	特定特急料金、特急券の分割買い	3-05、4-03
	（ワイドビュー）ひだ8号	富山9:52→下呂12:17	特急料金の計算方法、グリーン車	3-01、3-07
	下呂温泉		観光案内所、日帰り温泉、旅行貯金	6-10、6-11、6-13
	（ワイドビュー）ひだ12号	下呂14:14→美濃太田15:17	自由席の確保	4-15
	640C	美濃太田15:37→多治見16:04		
	（ワイドビュー）しなの19号	多治見17:00頃（16:23）→塩尻18:30（17:53）	特急列車の遅延	5-10
	あずさ32号	塩尻18:47頃（上諏訪19:01）→立川20:44	チケットレスサービス	1-11
	いったん帰宅		乗車券の有効期間	2-08
2月9日(日)	青梅特快682T	立川7:01→新宿7:27		
	湘南新宿ライン2822Y	新宿7:38→大宮8:08	都区内を二回通過する特例、特定区間、普通列車のグリーン車	2-03、2-05、3-08
	かがやき505号	大宮9:02→長野9:57		
	はくたか555号	長野10:22→飯山10:34	新幹線特急料金の特例（改札内乗継）	3-05
	131D	飯山11:15→津南12:46	駅内温泉	6-11
	135D	津南14:33→十日町14:58		
	北越急行843〜8843M	十日町15:09→越後湯沢15:40		
	Maxたにがわ412号	越後湯沢16:01→上毛高原16:14	選択乗車	2-05
	関越交通バス	上毛高原駅17:12→後閑駅17:22		
	741M	後閑17:26→水上17:38		
	水上温泉「おやど 松葉屋」（泊）			
2月10日(月)	1729M	水上8:28→土合8:37		
	関越交通バス	土合駅前9:03→ゆびそ駅前9:16		
	1731M	湯檜曽9:50→浦佐11:03	指定券自動券売機、途中下車	1-10、2-09
	1735M	浦佐12:48→小出12:56		
	2424D	小出13:11→只見14:28		
	代行バス	只見14:35→会津川口15:25	不通区間	5-08
	430M	会津川口15:31→会津柳津16:31		
	柳津温泉「花ホテル滝のや」（泊）			
2月11日(火·祝)	426D	会津柳津9:38→会津若松10:35		
	快速3236M	会津若松11:08→郡山12:12		
	やまびこ212号	郡山12:36→東京14:16	混雑する列車	4-13

（連続1）東京→後閑・2365.9km＋京都丹後鉄道・2万4930円　13日間有効

（連続2）後閑→東京都区内・525.6km・8580円　4日間有効

運賃合計・3万3510円　計17日間有効

第1章
「きっぷ」についての
基礎知識

「きっぷ」を買うことが旅の第一歩。
けれど、きっぷには乗車券、特急券など
さまざまな種類があります。
JRのきっぷは、いったいどういう仕組みに
なっているのでしょうか?

1-**01** 《第1章「きっぷ」についての基礎知識》

「きっぷ」とは、何か?

輸送サービスを受けることができるという証明

そもそも「きっぷ」とは何なのでしょうか?

きっぷ(切符)を買って、所持していなければ列車に乗ることができないという社会的な常識は、誰もが持っていることでしょう。鉄道を利用するための何らかの証明であることは、漠然と理解されていると思います。

きっぷを買うということは、やや小難しくいうと、鉄道会社と利用者が輸送サービスについての「契約」を結んだということになります。鉄道会社が示した条件について納得すれば、**所定の金額を支払い、見返りとしてA駅からB駅まで、人あるいは貨物、荷物を運ぶというサービスを受けることができる**のです。

鉄道による輸送の根本となる法律は「**鉄道営業法**」(巻末資料参照)です。ちょうど1900(明治33)年に施行されたという、漢字とカタカナが混じった古めかしい条文の法律ですが、改正を繰り返しつつ、現在でも活きています。

これの第十五条には、旅客は運賃を支払い、乗車券を受けなければ乗車できないとあります。**運賃を先に払い、乗車券を買うことが鉄道を利用する上での原則である**ことを定めた条文です。

また、この法律に基づいて定められた「**鉄道運輸規程(1942年公布の鉄道省令)**」(巻末資料参照)では、第十二条で、**乗車券には通用区間、通用期間、運賃額、発行の日付を記載することを要する**とされています。この「通用区間、通用期間、運賃額」などが、鉄道会社と利用者との契約内容になります。

22

いろいろな「きっぷ」

指定された座席が使える指定席券。

券面にはサービス内容を表示。

黒部峡谷鉄道の乗車券。表示は法令に則るもの。

※「きっぷ」ではない

領収書はお金を受け取った証拠でしかありません。

　特急券などでは、それに加えて、乗車できる列車や利用できる座席の位置なども記載されます。それらが記されたきっぷを持っていれば、記載内容に基づいたサービスを鉄道会社から受けられるという仕組みなのです。

　例示した乗車券を見ると、「三次→西日本会社線840円区間」といった通用区間。「発売当日限り有効」という通用期間。「840円」という「運賃額」。「2019.4.9」という発行の日付が明示されています。法律で定められている以上、様式は違っても、これらは乗車券には必ず記載されています。

　私はこの乗車券を自動券売機で購入しただけですが、これを持っていると、2019年4月9日中であれば、三次駅から、JR西日本の路線の運賃840円の区間（例えば白木山駅まで）に1回乗車できるという「契約」がJR西日本との間で結ばれたということになります。このきっぷが契約の証明で、改札口で係員に示す、あるいはその代わりとして自動改札機に通すと、輸送サービスが開始されます。

　もう一つ、例として示した乗車券は、JR線とは対照的な観光路線「黒部峡谷鉄道」のものですが、この鉄道も国土交通省により認可された鉄道である以上、乗車券の記載事項が鉄道営業法や鉄道運輸

規程に則っているのは当然で、定められた項目が券面に明記されています。乗車券の仕様はさまざまですが、表示内容は統一されているのです。

反対にいえば、**法令に則ったきっぷでないものは、きっぷではありません。**

以前、東海道新幹線に乗った時、客室出入口上部のLED式の車内案内装置に「領収書などはきっぷではありません」という、お知らせが流れたのを何回か見かけました。想像するに、きっぷを紛失したけれど、きっぷを買った時にもらった鉄道会社発行の領収書は手元にある。だからお金は確実に払っている。新幹線に乗せろ…という論理の客が、かなりの数いたのでしょう。

でもこれは、述べてきた通り、法律的に通用しないことです。領収書はお金を受け取った証明に過ぎず、鉄道会社が提供する輸送サービスは証明できません。

鉄道営業法第十五条で旅客は「営業上別段ノ定アル場合ノ外」、運賃を先に支払わなければならないとあります。しかし最近、増えているのが、この「**営業上、別の**

定めがある場合」です。

例えば、「Suica」などのICカード乗車券を利用すると、運賃は下車した駅で一括してカードから差し引かれます。「パスネット」などのプリペイドカード乗車券が広く使われていた頃には、乗車時、自動改札機にカードを通すと、初乗り運賃がまず自動的に差し引かれ、下車時には乗車区間の運賃と初乗り運賃の差額がさらに差し引かれるという、少々面倒なことを行っていた鉄道会社もありましたが、これは鉄道営業法における「運賃先払いの原則」を遵守した結果でした。

ローカル線のワンマン列車で無人駅からきっぷを買わずに整理券を取って乗車し、下車駅で運賃箱に運賃を入れるといったケースも、ここのところ一般的になりました。これらの「運賃後払い」は法令上、あくまで特例として処理されています。

また、ローカル私鉄によくある100円券を22枚つづりにして2000円で販売するといった「金額式の回数券」も、厳密には現金の代わりに使える金券。法令に定められた乗車券ではありません。

1-02 《第1章 「きっぷ」についての基礎知識》

「きっぷ」が発売される根拠は?

鉄道営業法など、法律、政令、規則によって定められている

前項で「きっぷ」とは何かを解説しましたが、その根拠となる法令などについて、もう少し詳しく説明しましょう。

まずは法律で、鉄道の営業に関しては「鉄道営業法」が定められています。第一章が「鉄道の設備及運送」、第二章が「鉄道係員」、第三章が「旅客及公衆」となっていて、鉄道において鉄道会社と利用者が守るべき基本的な事項が定められており、違反した場合の罰則もあります。

きっぷに関連した条文としては第十五条（1-01参照）の他に、旅行開始前に旅行を中止した時に運賃の払い戻しを請求できるとした第十六条。天災などの場合、鉄道会社との「契約」が解除できるが、鉄道会社はすでに運送した割合に応じて運賃を請求できるとした第

十七条。改札口や車内改札など、鉄道係員に請求された時はいつでも乗車券を提示しなければならないとした第十八条。不正乗車を行った時の罰則を定めた第二十九条などがあります。

この法律が施行された1900（明治33）年頃は、まだ私設鉄道が日本の鉄道網の中核を担っており、現在の東北本線、山陽本線、鹿児島本線などは私鉄でした。しかし鉄道国有化が唱えられ、実現へ向けて動き出していた時期でもあり、全国の鉄道に対する共通の営業上の決まりの必要性もまた、認められていたのでした。

法律は基本的な事柄を定めているだけですので、実際に運用される決まりとして、細かく定められたものがあります。鉄道営業法第二条で「本法其ノ他特別ノ法令ニ

規程スルモノノ外鉄道運送ニ関スル特別ノ事項ハ鉄道運輸規程ノ定ムル所ニ依ル」「鉄道運輸規程ハ国土交通省令ヲ以テ之ヲ定ム」となっている通り、国土交通省（公布当時は鉄道省）の政令による、「鉄道運輸規程」がそれです。

この規程は、旅客運送、荷物運送、貨物運送に関して、日本の鉄道が守るべき取り決めをまとめたもので、先述のように乗車券へ記載すべき事項（第十二条）や、小児無賃の定め（第十条）。駅には時刻表や運賃表を掲げることを義務づけ（第八条）、定刻より早く出発することを禁じる（第二十二条）などしています。

馴染みがあるのは、危険物などの車内への持ち込みを禁じる物品を列挙した第二十三条でしょう。この条文では、酒類は「引火しやすい物」として、実は持ち込み禁止。左党にとっては一大事ですが、旅行中に使用する少量のものを除くとされていますので、ご安心を。また、死体を列車内へ持ち込むことも禁止です。突っ込むのは野暮ですが、ある有名な映画で描かれた老駅員の亡骸を列車で運ぶシーンは、鉄道運輸規程に違反してい

ることになります。

法律や政令は国が定めた基本方針にすぎず、これだけでは各鉄道会社の日常の営業には対応できません。複雑な路線網や列車体系を持つ会社では、なおさら。さらに「こういう場合にはこう対応する」といった取り決めを作っておかないと、利用者全員に対して不公平になります。

全国ネットワークを持っていた国鉄では、鉄道営業法および鉄道運輸規程に基づいて**「旅客営業規則」「貨物営業規則」**を定め、利用者に対して「こういう条件で契約して、輸送サービスを行います」と公示していました。いわゆる「約款」です。

これらの営業規則は、JR各社がほぼ内容を踏襲して受け継ぎ、事情に合わせた細かい改訂を繰り返しつつ、現在まで使われています。またJR以外の私鉄や公営の各社局なども、おおむね国鉄の営業規則に準拠した営業規則をそれぞれ定めています。

営業規則に対して、鉄道係員が行うべき取り扱いを定めた規則もあります。国鉄では旅客に関して**「旅客営業取扱基準規程」**を社内

旅客営業規則・旅客営業取扱基準規程

かつて市販されていた「旅客営業規則」。

現在は公式サイト上で旅客営業規則などを公開する会社も多い。

鉄道の営業にかかわる規則は駅でも公開。

通達として定め、これもJRへ引き継がれました。

旅客営業規則と旅客営業取扱基準規程は一対となるもので、これらをJR各社ごとにまとめた書籍も、以前は一般に販売されていました。旅客営業規則は利用者に対して示す約款ですので、当然、公表する義務があります。旅客営業取扱基準規程は社内の規程なので公表する義務はないのですが、利用者の利害に係わる項目も多いので、ひとまとめにされていたのです。残念ながら最近は発行されていませんが、国語辞典のような分厚い本でした。

市販の時刻表などでは、これらの規則、規程の一部を利用者に分かりやすいよう、巻末などにある営業案内のページで、かみ砕いて紹介しています。JR東日本やJR東海など、自社のサイトで旅客営業規則を公開している会社も多いので、興味がある向きはご一読をお勧めします。

また、JR、私鉄その他を問わず、有人駅には営業規則が必ず備え付けられていますので、参照したければ遠慮なく請求して構いません。「営業に関する規則類は事務室にありますので、（ご覧になりたければ）係員までお申し付けください」などと掲示してある会社もあります。

1-03 《第1章 「きっぷ」についての基礎知識》

鉄道に乗るのに必要なきっぷ

乗車券・特急券・グリーン券など、きっぷの種類はさまざま

JR各社には、特急、快速、普通とさまざまな種類の列車が走っており、普通車の他に、グリーン車、寝台、指定席といった設備がある場合もあります。

まず、すべての列車について、乗車する時に必要なのが、1-01で説明した「**乗車券**」です。これに例外はありません。そして、乗車券を購入するために支払う必要があるのが「**運賃**」です。運賃という言葉は、乗車券の価格に対してしか使いません。「毎日の通勤で使っているのは乗車券じゃない、定期券だぞ」と思う方もいるでしょうが、定期券の正式名称は定期乗車券。乗車券の一種です。旅行の時に便利な青春18きっぷといった割引きっぷなども、乗車券の一種です。意識していなくても、列車に乗る時は必ず、乗車区間に応じた運賃を支払い、各種の乗車券を買っていることになります。

乗車券は、列車へ最初に乗る駅から最後に降りる駅までの区間を買えばよく、途中で列車を乗り継いでも乗り継がなくても、どんな列車を利用しようとも関係はありません。現在、東京駅から大阪駅までの運賃は8910円ですが、東海道新幹線でも、普通列車でのんびり東海道本線をたどっても、臨時夜行快速「ムーンライトながら」を利用しても、同額です。

以前、東京都内のある駅の「みどりの窓口」で若い人が、「名古屋までの新幹線のきっぷ」と「名古屋から春日井までのきっぷ」という頼み方をし、「東京都区内から春日井ゆき」の乗車券を発券されて、けげんな顔をした場面を見

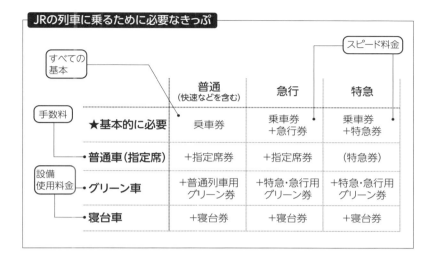

かけました。新幹線と他のJR線は別と考えていたようです。

「東京都区内から名古屋市内ゆき」「名古屋から春日井ゆき」のような2枚の乗車券をつないで使っても、区間が途切れていなければ構いませんが、えてして運賃が高くつきます。

　JRの**普通列車**は乗車券だけを買えば乗ることができます。普通であっても停車駅が少ない列車が走る路線もあり、**快速・新快速・特別快速**などと呼ばれています。これらも普通列車の一種ですから、乗車券だけで乗れるのです。

　一方で、乗車券以外のきっぷを買わなければ乗れない列車や設備もあります。その場合の、きっぷの価格が「**料金**」です。特急料金、寝台料金といった呼び方で使われます。

　JR各社では、運賃以外の別料金が必要な列車として、**特急、急行**が運転されています。現在、毎日運転されている定期急行列車はなくなり、首都圏などで細々と臨時急行が走るだけですが、特急は在来線の主力として全国を走っています。**新幹線**は特殊な路線で、すべての列車が特急です。

　一般に速度が普通列車よりも速い、こうした列車に乗るには、「急行料金」を支払って、「**急行券**」を乗車券の他に買う必要があ

ります。所要時間が短いことに対するスピード料金です。

　特急には特急券じゃないの？と思われましょうが、特急の正式名称は「特別急行」。今や完全に主客転倒していますが、新幹線の「のぞみ」や「はやぶさ」であっても急行の一種なのです。だから、特急券（これも正式には特別急行券）も急行券の一種として、JRの旅客営業規則でも急行券に含めて定められています。

　特別な設備を利用する場合は、また別な料金を支払って、別なきっぷを買う必要があります。いわば「設備使用料金」です。

　一般的なのが「グリーン車」に乗車する時に必要な「グリーン券」。グリーン券、グリーン料金は通称で、正式には特別車両券、特別車両料金です。特急・急行のグリーン車と、普通列車のグリーン車とでは料金が違います。

　夜行列車は本当に数少なくなりましたが、夜行の寝台車に乗る場合は「寝台券」が必要です。これはA寝台、B寝台といった寝台の種類によって値段が違い、特急でも、今はなくなりましたが急行や普通列車の寝台でも、種類が同じ

なら寝台料金は同じです。

　「座席指定券」は、指定席と設定されている車両に乗る場合に必要で、座席を指定してもらうための一種の手数料です。ただし、特急の普通車、グリーン車、寝台車は、列車や座席を指定することが原則ですから、座席指定券は不要です。これは主に快速や普通列車の普通車指定席を利用する時に必要となるきっぷです。

　この他、特殊なものとして、乗車券の他に、「乗車整理券」「ライナー券」が必要な列車もあります。これは主に首都圏などで運転されている、特急用車両を使い全員着席をうたった通勤列車、通称「通勤ライナー」に必要なきっぷで、会社によって乗車する号車が指定されていたり、完全に自由席であったりします。

　なお、乗車券・急行券・特別車両券・寝台券・座席指定券をまとめて「乗車券類」とも呼びます。

　また、乗車日や乗車する列車、座席の位置を指定して発売する急行券（指定席急行券）・特別車両券（指定席特別車両券）・寝台券・座席指定券をまとめて「指定券」とも呼びます。

1-04 《第1章 「きっぷ」についての基礎知識》

乗車券にはどんな種類がある?

普通乗車券は片道・往復・連続の３種類。
定期券や回数券も仲間

鉄道に乗るために必ず購入しなければならない乗車券には、いくつかの種類があります。

まず、基本となるのが「**普通乗車券**」です。他に「**定期乗車券**」「**回数乗車券**」「**団体乗車券**」があります。

普通乗車券は、**片道乗車券**、**往復乗車券**、**連続乗車券**の３種類にわかれます。

片道乗車券はいちばん基本的な「○○から××ゆき」（例えば「松本から甲府ゆき」）という、きっぷです。

大都市近郊などによくある「東京から140円区間」という金額式のきっぷも片道乗車券です。これは、東京駅からの運賃が、例えば140円の駅が数多くあるがゆえ、発行するきっぷの種類を少なく（簡略化）するための便宜的な表記です。

片道乗車券の大鉄則は、同じ駅を二度通らない「一筆書き」ルートに対して発行されるということ。逆にいえば、同じ駅を二度通らないルートならば、乗車距離に関係なく片道乗車券として購入することができます。例えば、巻頭ルポで登場した「東京都区内から大宮ゆき」の乗車券は、ぐるり一周するルート（東北本線・高崎線・上越線・信越本線・羽越本線・奥羽本線・東北新幹線経由）なので片道乗車券にすることができ、ルートがぶつかる駅の、大宮までとなるのです。

往復乗車券は、出発駅と到着駅を同じルートで往復する場合に購入できます。さらにそのルートは、往路・復路とも片道乗車券として成り立つルートでなければならず、

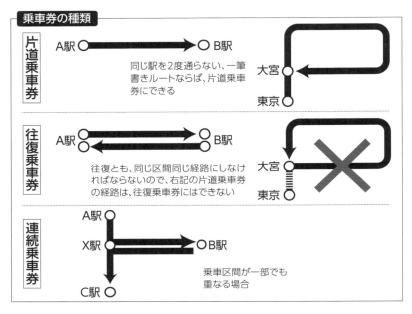

かつ往路・復路とも同じでなければなりません。ただし、後述する特例によって複数のルートが選べる場合は、往路・復路に**乗車するルート**が別々であってもかまいません。

こうしたきまりによって、例えば前述の「東京都区内から大宮ゆき」の片道乗車券のルートは、往復乗車券にはできません。なぜなら、「大宮から東京都区内ゆき」の復路は、ぐるりと反時計回りの逆ルートをたどったとしても、高崎線を通り大宮まで来た時点でル

ートがぶつかってしまい、片道乗車券として成立しないからです。仮に大宮の隣の土呂を往路の到着駅とすれば、ルートが往路・復路とも成立し、「東京都区内から土呂ゆき」の往復乗車券は購入することができます。

連続乗車券は、片道乗車券を2枚組み合わせたものと考えればよく、乗車するルートが一部、重なる場合に発券され、2枚が1組として扱われます。ただし、1枚目のきっぷ（連続1）の到着駅と2枚目のきっぷ（連続2）の出発駅

は同じでなければなりません。

　例えば、松江〜姫路〜高知と旅行する場合、「松江から姫路ゆき」「姫路から高知ゆき」をそれぞれ片道乗車券として購入することもできますが、この場合、岡山〜姫路間のルートが重なっていますので、2枚を連続乗車券として購入することができます。**連続乗車券の効用は、2枚のきっぷの有効日数を足したものが、全体の有効日数となること**です。(4-02参照)

　定期乗車券は通称「定期券」。回数乗車券は通称「回数券」。通勤通学などの際に使われる、おなじみの乗車券で、普通乗車券を利用するより割安になっています。しかし割引きっぷではなく、規則できちんと定められた乗車券の一種です。

　定期乗車券には、通勤定期券、通学定期券などの種類があります。1カ月、3カ月、6カ月などの単位で、100km以内の区間で乗車区間・乗車経路を指定して発売されます。ただし、住宅難から通勤距離が延びる傾向にあることや、新幹線による通勤も考えられる時代となったことから、100kmを超える区間であっても定期券が発売

されることもあります。

　定期券には氏名が記され、その本人しか使うことができません。JRの駅で、お使いの人でしょう、「本社と支社を行き来する社員用(もちろん複数で使い回し)」として通勤定期券を買おうとした人に出くわし唖然とした経験がありますが、もちろん規則違反で、そういう使い方をすると定期券は無効として回収される決まりです。どうやら、そうした目的で何回も定期券を買い続けていたようなのですが……。もちろん断られていました。

　回数乗車券（普通回数券）は営業キロが200km以内の区間で発売され、11枚つづりで乗車券10枚分の値段。3カ月間有効というのが基本です。約9％の割引ということになります。複数で分けて同時に使ってもよく、例えば6人グループで同じ区間を往復する場合などにも活用できます。

　団体乗車券は団体旅行の際に発行されるもので、8人以上が同じ行程で旅行する場合、普通運賃が割引になります。合宿や社員旅行の時などに、お目にかかったことがあるかもしれません。

1-05 《第1章「きっぷ」についての基礎知識》

きっぷの買い方・買える場所

駅の窓口や券売機で買うのが
基本であることには変わりない

きっぷは、どこで買うのでしょうか？「常識だろう？」といわれそうですが、基本は今も昔も変わらず駅の窓口です。

国鉄時代には、東京や大阪といった大きな駅では乗車券の売り場と指定券の売り場が別々になっていました。そして、コンピューターによる指定券の発売を行う窓口の愛称が、「みどりの窓口」だったのです。国鉄が指定券予約・発券システム「マルス（MARS）」を導入したのは、1960（昭和35）年のことで、最初は東海道本線を走る「こだま」など4本の特急だけが対象でした。

現在では乗車券と指定券の窓口は統合され、ほとんどの場合、どちらもコンピューターによる発券となりました。「みどりの窓口」では、長距離の乗車券や指定券の

みならず、各種割引きっぷや定期券、イベント券などの発売も行っています。係員がいて応対してもらえる窓口、イコール「みどりの窓口」という位置づけです。JR東海のように、取り扱うきっぷの内容は同じですが「みどりの窓口」という名称を使うのをやめて、「JR全線きっぷうりば」を基本としている会社もあります。

「みどりの窓口」では原則、指定券なら全国どの列車、どの区間でも購入できます。例えば、札幌駅で博多〜鹿児島中央間の九州新幹線「さくら」の特急券を申し込んでも、何の問題もなく発売してもらえます。

乗車券は、基本的にその駅発着のもののみ購入できますが、指定券と同時になら全国どの区間でも買えるきまりです。例えば、先の

34

「さくら」の特急券と同時になら、札幌駅で博多〜鹿児島中央間の乗車券も買えます。また、無人駅から出発する場合は、近隣の有人駅の窓口で、該当する無人駅からの乗車券が購入できるようになっています。

また、駅の「みどりの窓口」と同様、**主な旅行代理店でもJRの乗車券・指定券が購入できます。**この場合は店の所在地や、出発・到着駅にかかわらず、全国どの区間の乗車券・指定券でも発売してもらえます。

「みどりの窓口」がある駅は、時刻表の索引地図などで調べることができます。ただし、たとえ駅員がいる駅（有人駅）であっても「みどりの窓口」がなく、近距離の乗車券しか扱っていないところもあります。また、首都圏の小さな駅などでは、係員がいる「みどりの窓口」をなくし、その代わりに、指定券が買える自動券売機を置く駅も増えています。

近年では大都市圏に限らず、全国各地、かなりのローカル駅であっても、近距離の乗車券は自動券売機で発売することが当たり前となりました。中には乗車券だけで

はなく、回数券や往復乗車券、各種割引きっぷが購入できたり、特急が停車する主要駅では自由席特急券も購入できる機種もよく見られます。

大手私鉄や地下鉄では、乗車券は自動券売機での購入に限り、定期券売場にのみ、係員を配置した窓口を設けている例がよくあります。定期券だけではなく、自動券売機では発券できない記念きっぷや一日乗車券のような割引きっぷの類を、手作業で対応できる定期券売場で発売していることも多いです。

「みどりの窓口」の営業時間は、特急券を買わなければ乗れない新幹線の停車駅を除いて、始発から最終列車までとはなかなかいかず、早朝や深夜は開いている時間帯が限られる場合がほとんどです。自分がよく使う駅の営業時間は把握しておけば、いざという時、あわてずに済みます。

最近では、自動券売機の普及（1-10参照）で係員のいる窓口の営業時間は短くなる傾向にありますので、注意が必要でしょう。長距離きっぷや指定券は、早めに用意しておくに限ります。

35

■きっぷの買い方・買える場所／1-05

1-06 《第1章「きっぷ」についての基礎知識》

きっぷはいつから買える?

指定券は1カ月前の同じ日の10時から買うことができる

ず普通乗車券。これは**発売当日から有効開始となるものを発売することが基本**です。ただし、指定券と同時に購入した普通乗車券は、券面に○月○日から有効と表示され、指定券と同じ日に使えるようにしてくれます。この場合は、**指定券と同じく1カ月前から購入できます**。

ただし現在では、乗車券だけを購入する場合でも、インターネット予約や自動券売機の普及もあって、あまり問題なく使用開始日の1カ月前から買えるようになっています。これは規則上、年末年始などの混雑時は、駅長の裁量の範囲内として乗車券の前売りが特例で可能となっていたのが、鉄道側、利用者側ともにメリットがあるため、そのまま定着したものと思われます。

席の指定を伴わない自由席特急券、特定特急券、急行券、自由席グリーン券も普通乗車券と同じ扱いで、規則上は発売当日から有効開始となるものを発売することが基本となっていました。しかし今では「えきねっと」(1-09参照)などを使って、1カ月前から購入できます。

一方の**指定券は、乗車日の1カ月前の10時から発売が開始される**ことが、よく知られています。この場合の「1カ月前」とは、前の月の同じ日という意味です。例えば、7月10日乗車分の特急券を1カ月前に買いたい場合は、6月10日の10時に駅の「みどりの窓口」へ行けばよいのです。

ただし、JR東日本の指定席券売機では1カ月前の発売開始が10時10分からであるなど、**自動券**

売機による指定券発売開始の時刻が、「みどりの窓口」より遅いケースがあります。

最近では、まれなケースとなりましたが、夜行列車が0時を過ぎて発車する駅から乗車する場合。例えば、高松発東京行特急「サンライズ瀬戸」に0時34分発の大阪から乗車するケースでは、列車に乗る駅を発車する日ではなく、あくまで列車が始発駅を発車する日の1カ月前が発売日です。7月10日21時26分に高松を発車する特急「サンライズ瀬戸」に、日付が変わった7月11日に大阪から乗る場合の指定券の発売日は、6月11日ではなく6月10日です。

1カ月前に対応する日がない場合、発売開始日は次のようになります。3月29～31日（うるう年は3月30・31日）は3月1日。5月31日は5月1日。7月31日は7月1日。10月31日は10月1日。12月31日は12月1日。すなわち、同じ月の1日になります。春休み中になる3月の末や、帰省シーズンの大晦日の指定券が、他の乗車日と同じ日と同時に発売され、窓口が混雑することになりますが、やむを得ません。

以前は一部の駅で、年末年始などの混雑期には、1カ月前の10時より前に、指定券の申し込みを受け付けていましたが、インターネット予約の普及で、このような扱いも見られなくなりました。

これに代わって、**多くのインターネット予約サイトにおいては、1カ月以上前から事前申し込みが可能**になっています。「えきねっと」では、パソコン、スマートフォンから発売開始日のさらに1週間前（同じ曜日）の5時30分より発売開始日の9時54分まで、事前申し込みが可能です。ただ、実際にコンピュータにアクセスして指定券を手配するのは、1カ月前の10時になりますので、必ず確保できるとは限りません。

また、「エクスプレス予約」などでは、事前申し込みができることは同じでも、受付日時などが異なる場合もあります。利用の際には確認が必要です。

しかし、発売開始日の10時に駅にいる必要がないというメリットは大きなものあります。乗車日は休日でも1カ月前は平日で、会社や学校へ行かなければならない、ということも多いでしょう。

1-07 《第1章「きっぷ」についての基礎知識》

何歳からがおとな?

年齢によるが、実際は小学生か中学生かで区分

私が幼稚園児だった時の話。親戚に連れられて奈良へ遊びに行った帰りに、当時の国鉄奈良駅で改札口を通ろうとしたら「きっぷは?」と呼び止められました。まだ5歳でしたが身体が大きく（今も身長180cmあります）、小学生と間違われたのでした。

年齢による運賃・料金の区分は「おとな（大人）」「こども（小児）」「幼児」「乳児」の4種類があります。

乳児は1歳未満の赤ちゃんで、いかなる場合でも運賃・料金は無料です。**幼児は1歳以上〜6歳未満**。大人または小児1人に同伴された場合、2人までは無料になります。3人目からは、小児の運賃・料金が必要になります。親戚の大人に連れられた5歳の男の子は、乗車券などを買わずに列車に乗れたのです。

この場合の「同伴」とは、大人・小児1人あたり幼児2人まで運賃・料金不要ということ。仮にお母さんが小学生と幼児3人を連れて旅をする場合でも、大人であるお母さんが幼児2人、小児である小学生が幼児1人を同伴しているという解釈でよく、幼児は3人とも無料です。

乳児、幼児が指定席、グリーン車、寝台を1人で使う場合、あるいは、あまりないケースかもしれませんが、幼児が1人で列車に乗る場合は小児と同じ扱いになり、小児運賃・料金が必要になります。膝の上に抱いていれば運賃・料金はかからないのですが、幼稚園児でも小学校入学直前ともなると身体も大きくなり、席を必要とする場合も多くなるでしょう。

小児は、6歳以上〜12歳未満という設定になっていますが、誕生日を境として変わる訳ではありません。一般的には「小学生＝こども、小児」という認識で、それで間違っていません。子供が小学生という〝身分〟となるのは4月1日と決まっています。つまり3月31日までは小学生ではありませんので、誕生日が来て6歳になっても、小学生になるまでは幼児扱いのままです。

小児の運賃、特急・急行料金、指定席料金は大人の半額です。5円単位の端数が出る場合は切り捨てて10円単位にします。例えば運賃190円区間の小児運賃は190円÷2＝95円ですから、5円を切り捨てて90円です。なお「端数は切り捨てが基本」というきまりは、学割など割引運賃・料金を計算する時にも適用されます。

一方、グリーン料金、寝台料金は、設備を一つ使うことには変わりがないということか、大人も小児も同額です。ただ、一つの寝台を大人と小児、または小児2人で使う場合は、寝台券は1枚でよいという決まりがあります。乗車整理料金（ホームライナー料金）も、

設備使用料金ではありませんが、大人、小児とも同じ額になっています。

大人は12歳以上ですが、これも中学生以上と考えて間違いありません。幼児から小児になる時と同じく4月1日が境目で、12歳の誕生日を迎えても、もちろん卒業式の後でも、3月31日までは小学生として小児扱いになります。

きっぷは購入した時点での運賃・料金が適用され、購入後にきっぷの使用者に適用される運賃・料金が変わっても、差額を支払う必要はありません。運賃の値上げ前に、定期券売り場が混雑するのはこのためです。それゆえ3月31日までに有効期間が始まる小児の運賃・料金で購入したきっぷは、有効期間内であれば、4月1日を過ぎて中学生となってもそのまま使えます。

中学生になって、いきなり運賃・料金が倍になっても「**学生割引（学割）**」という強い味方があります。指定された中学校、高等学校、大学、専修学校、各種学校の学生・生徒が、JR線を営業キロで片道101km以上、乗車する場合、運賃が2割引になる制度。

おとなとこども・学割

かつて鉄道旅行で重宝したミニ周遊券（いまはありません）。「学41」のスタンプで学割適用を示しています。

かつて主流だった硬券では、右端を切り落として「小児用」としていました。

　鉄道旅行好きの大人で、学生のころに、この制度のお世話になった人も多いはずです。

　学割で乗車券を購入する場合は、学校が発行する「学生・生徒旅客運賃割引証（学割証）」を窓口に出す必要があります。そのため、指定券の自動券売機やインターネット予約では、学生割引乗車券を買うことはできません。

　学割証は、学校によって1年あたりの発行枚数や、発行の際の手続きに違いがあるようです。これはJRが定めたものではなく、文部科学省や、それぞれの学校の方針によるものですので、事前に確かめておきましょう。

　学割の割引率は20％で、往復割引（4-01参照）とは重複して適用してもらえます。例えば、東京都区内〜広島市内間の往復乗車券は、片道1万1880円の1割引、1万690円の2倍で2万1380円ですが、学割で購入すると、さらに2割引となって1万7100円と安くなるのです。

　ただし、割り引かれるのは普通乗車券だけです。指定券へは適用されません。昔あった「周遊券」などには、学割運賃の設定がありました。しかし最近の割引きっぷでは、販売戦略として中・高校生を割安に設定しているものはありますが、学割証が必要な学割の設定があるものは見受けられなくなりました。

1-08 《第1章「きっぷ」についての基礎知識》

交通系ICカードとは?

Suica、ICOCA、PASMOなど、全国的に広く普及していて相互に使える便利なカード

最近、大都市圏の鉄道では、自動改札機に「ピッ」とタッチするだけで乗車、降車ができ、乗車券として利用できる「交通系ICカード」が広く使われており、首都圏の利用可能な会社での普及率は、90%以上ともいわれています。運賃先払いで乗車券を購入してから列車に乗るという従来の原則とは逆に、下車する時にカード内に貯めておかれた金額から利用区間の運賃を差し引く方式が主流となっています。

交通系ICカードの愛称は、JR東日本の「Suica」、JR西日本の「ICOCA」、関東の私鉄・地下鉄・バスの「PASMO」など、発行する会社によって違いますが、基本的な仕組みや使い方はほとんど同じ。薄い定期券サイズのカードにICチップが埋め込まれてお

交通系ICカード「PASMO」。

り、これにチャージした金額や乗降駅などの利用履歴がすべて記憶されます。

カードは駅の窓口や自動券売機などで購入できます。発売価格のうち500円は「デポジット(保証金)」で、運賃に充当することはできません。これは、ICカードは利用者への貸与という形を取っているからで、安易な使い捨てを防ぐ役割を担っています。カードが不要になって返却すれば、この500円は返金されます。

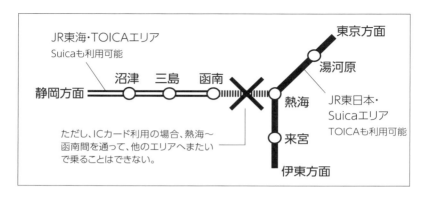

　デポジットを除いた分は、あらかじめ「チャージ（積み立て）」されているものとして、運賃に充当することができます。チャージ額が少なくなってくれば、駅の自動券売機や自動精算機などで現金をチャージすることで、繰り返し何度でもカードを使えます。

　2014年4月1日の消費税率改訂時に、JR東日本や関東の私鉄各社などは消費税分を運賃に転嫁するにあたり、ICカード乗車券利用の場合に限って1円単位の運賃を導入しました。紙のきっぷを購入する場合の運賃は、自動券売機の改修が困難という理由から10円単位のままで、額に差が生じています。JR東日本の場合、きっぷで140円の区間（営業キロ1～3km）をICカードで乗ると、幹線は147円。山手線内は136円と複雑なことになりました。

　「Suica」など一部のICカードでは、氏名・生年月日・性別などを登録することができ、紛失しても、この登録情報をもとに再発行が可能です。この場合、カードには氏名が表示され、記名された本人以外は使えません。

　ICカードに定期券をのせることもできます。チャージもでき、定期券の区間外でも使えます。区間内から乗り越す場合でも、自動的にチャージ金額から乗り越し区間分の運賃が差し引かれます。

　これがいちばん肝心な原則かもしれませんが、各ICカードには「利用可能なエリア」が定められており、このエリア内の駅の相互間でしか使えません。JRと地下

鉄が相互直通運転を行っている区間、例えばJR常磐線（Suicaエリア）と東京メトロ千代田線（PASMOエリア）などを除いて、他のICカードの利用エリアへまたがっての利用もできないのです。また、利用エリア内の駅から乗り、エリア外の駅まで行ってしまった場合は、乗車駅から降車駅までの運賃を改めて支払い、カードの方は証明をもらってエリア内の駅で乗車記録を取り消してもらわねばなりません。

　例えば、東京駅からSuicaで乗ると、上越線水上駅まではICカードが使えますが、越後湯沢まで乗り通してしまうと、そのままでは下車できません。東京〜越後湯沢間の運賃3410円を、現金で支払わなければいけないのです。

　2013年3月23日からは全国の交通系ICカードの相互利用が始まっており、他のカードのエリアでもほぼ変わりなく利用できるようになりました。現在、相互利用できるのはKitaca（JR北海道）、SAPICA（札幌市営地下鉄など）、Suica、PASMO、TOICA（JR東海）、manaca（名鉄など）、ICOCA、PiTaPa（関西の私鉄・地下鉄・

バスなど）、SUGOCA（JR九州）、nimoca（西鉄など）、はやかけん（福岡市営地下鉄）の11種類。例えば、Suicaを持っていれば、JR西日本の大阪〜京都間などを、地元のICカードと同じように乗車できます。

　ただこの場合も、利用エリアを越えたり、他のエリアへまたがっての利用はできません。Suicaは首都圏、仙台、新潟の3エリアで使えますが、たとえ在来線経由でも東京〜仙台間をSuicaで乗車することはできません。

　Suicaの首都圏エリア（熱海まで）と、TOICAのエリア（函南まで）は隣接していますが、例えば東京から沼津まで、ICカードで乗車することはできません。熱海や沼津、三島駅あたりへ行くと、この旨の注意を大書したポスターが貼られており、「誤乗」が絶えないことがうかがえます。

　一度、旅行シーズン真っ直中の沼津駅で、改札口だけでは対処できないのでしょう、駅員さんが通路に机を出して、東京方面からICカードで乗ってきてしまった人々の精算業務に追われているのを見ました。

1-09 《第1章「きっぷ」についての基礎知識》

窓口に並ばずにきっぷを買うには？

JR旅客全社でインターネット予約サービスを展開。便利だけれど制限もある

旧盆や年末年始など、帰省客やレジャー客で混雑する時期には、列車だけではなく、1カ月前の指定券発売直後から「みどりの窓口」が混雑しはじめ、希望するきっぷを購入できるまで、相当長い時間を要するようになります。旅慣れず、窓口で相談をする人も多いので、ふだんより余計に時間もかかってしまいます……。そんな時でも、指定券自動券売機（1-10参照）は空いていて、待ち時間がほとんどない場合もあります。

2016年にスカンジナビアを鉄道で旅した時のこと。もう何回も来ているし慣れたもの…と思っていたら、きっぷ購入の様子が大きく変わっていました。

ストックホルムやオスロの中央駅のような大きな駅では、係員がいるきっぷ売り場がいくつかありましたが、地元の人は長距離旅行であっても自動券売機できっぷを買うか、インターネット予約のデータを自分でプリントアウトしただけで列車に乗っていました。ノルウェー最北の駅ナルヴィクなど、旅行シーズン以外は窓口が開かない「無人駅」と化していました。窓口できっぷを買う人は、慣れない外国人ぐらいです。

そこまで極端ではありませんが、日本の鉄道でも指定券や乗車券をインターネットサイトで予約し、クレジットカードで決済。きっぷは乗車前に駅の自動券売機などで受け取って乗車することが、かなり当たり前のことになってきました。「みどりの窓口」に並ぶ人の数も、ひと昔前と比べると、これでもずいぶん少なくなりましたし、私自身も立ち寄る機会が激減した

44

JR東日本のえきねっと

「えきねっと」の予約画面。乗車券だけの購入もOK。ただし、深夜にメンテナンスタイムがあり操作できない時間帯があるのでご注意を。

と感じています。窓口に並ばずにきっぷを買うには、インターネットの活用がカギなのです。

JR東日本、JR東海、JR西日本、JR九州はそれぞれに、指定券のインターネット予約が可能なサイトを運営しています。JR北海道の列車はJR東日本の「えきねっと」、JR四国とJR東海の在来線の列車はJR西日本の「e5489」を通じての予約となります。

それぞれ展開は独自のもので、インターネット予約限定の割引なども、盛んに行われています。また、サイトによっては「きっぷ受け取り、列車の発車時刻前なら、予約変更が何回でも可能」とか、

「チケットレスサービスも可能」といった特典もあります。

基本的なしくみは各社ともほんど共通で、**まずは会員登録してから利用する**ことになります。ここではメールアドレスや、クレジットカード番号などを入力しなければなりません。

予約はパソコンからの他、スマートフォンやタブレット端末からでもできます。列車に乗る時には、チケットレスサービスを除いて（1-11参照）、あらかじめ駅の「みどりの窓口」や指定券の自動券売機できっぷを受け取ってから、改札口を通らなければなりません。受け取りの際には、予約・購入の

時に使ったクレジットカードまたは予約番号などが必要になります。

極端な話、駅に着いた時点でスマホから予約して、すぐきっぷを受け取って列車に乗るということも可能。それでも割引があれば受けることができますので、二度手間のようですけれど、メリットはあるのです。

ただ、予約・購入できる列車などには、各社とも少しずつ違いがありますので注意が必要です。おおむね自社の駅を発着する列車ならば予約可能で、一部、他社内のみの区間でも予約できるサイトもあります。

例えば、JR西日本の「e5489」では、JR西日本、JR東海、JR四国、JR九州エリア、およびJR東日本エリアの一部の特急・新幹線列車の指定券が予約可能ですが、JR東日本エリアでも東北新幹線の那須塩原以北の区間は予約できません。これに対しJR東日本の「えきねっと」では、各新幹線をはじめ、全国の特急列車の指定席が予約可能です。

インターネットサイトである以上、例えば北海道からJR九州の「列車予約サービス」へアクセスして列車を予約するということもできますが、**きっぷを受け取れる駅は、おおむね自社エリア内の駅のみに限られます**から注意してください。この場合、北海道からの九州旅行を企画し、九州へ着いてからJR九州の駅で受け取って、列車に乗るということなら大丈夫ですが、もちろんJR北海道の駅では、きっぷを受け取ることはできません。

実際に利用する際には、自分が住んでいるところを営業エリアとしているJR旅客会社のサイトについて詳しく知っておけば、まず不便は感じないでしょう。私は神奈川県在住で、JR東日本の「えきねっと」とJR東海の「エクスプレス予約」の会員になっています。毎月のように、あちこち取材へ出かけますが、この二つのサイトだけで事足りています。

「えきねっと」では、前述のように寝台列車や一部の臨時列車を除いて、会社を問わず全国のJRの列車が予約できますし、「エクスプレス予約」では東海道・山陽新幹線の列車が割安な会員価格で利用でき、発車時刻前なら何回でも変更可能。利用回数に応じてポイ

インターネットサイトの便利な機能

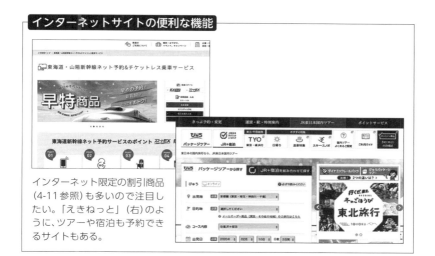

インターネット限定の割引商品（4-11参照）も多いので注目したい。「えきねっと」（右）のように、ツアーや宿泊も予約できるサイトもある。

ントが付き、グリーン車へのアップグレードができるといった特典があって、重宝しています。

何より、家にいながらにしてとか、新幹線駅へ向かう電車やバスの中からでも指定券の予約ができるということが、最大のメリットと感じています。自宅はJRの駅から少々離れており、以前はいちいち指定券を買いに行っていたのですが、インターネット予約の便利さを知ってしまったからには、もう昔には戻れません。たまに、インターネットでは予約できない「サンライズ出雲」の寝台券などを、「みどりの窓口」で並んで買わなければならないとなると、少々ストレスも感じるぐらいになってしまいました。

万能のように思える**インターネット予約でも、対応できない種類のきっぷもある**ので、注意しなければなりません。寝台券の他には、学割（1-07参照）の乗車券や、「ジパング倶楽部」（4-10参照）など、窓口で証明書類を提示して購入しなければならないきっぷは、予約・購入できません。

一方で、「えきねっと」のように、ショッピングや国内ツアーの申し込みもできるサイトもあり、実態はさまざま。会員になったら、隅々まで各ページを眺めてみるに限ります。

1-⑩ 《第1章 「きっぷ」についての基礎知識》

指定券自動券売機を活用しよう!

今の自動券売機は「万能」
機械で買えないきっぷはほとんどない?

「みどりの窓口」に代わって設置が進んでいる、指定券（1-03参照）も買える自動券売機は、会社によって「指定席券売機（JR東日本）」、「みどりの券売機（JR西日本）」などと呼び名が変わり、多少、機能が異なる場合もあります。けれども、基本的には特急券などの指定券、乗車券（長距離に限りません）、各種の割引きっぷなどを自分自身の操作で購入することができます。現金での購入はもちろん、クレジットカードも利用できます。

それだけではなく、定期券の発売（証明書が必要な新規の通学定期券を除く）や、指定席を利用できる購入済みの割引きっぷ（特急回数券など）の座席指定。インターネットで予約したきっぷ（1-09参照）の受け取りなどもできます。

「大人の休日倶楽部」（4-10参照）など会員割引となるきっぷが買える機種もあります。

東海道新幹線の駅には、「エクスプレス予約」で予約したきっぷの受取専用券売機も置かれています。これなどは、発車時刻まで余裕がない時などは便利に使わせてもらっています。

今や、設置されている駅に関連するきっぷで、**買えないきっぷはほとんどない**といってもよいほどの万能ぶりです。しかも、営業時間が短縮される傾向の「みどりの窓口」より、長い時間稼働している駅も多くあります。領収書も発行してくれるので、ビジネスマンに人気があるようです。

しかしながら、なんとなく操作に不安があるのか、係員と相談しながらきっぷを買いたい人が多い

いろいろな自動券売機

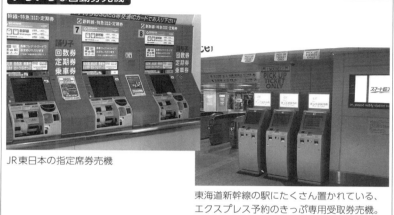

JR東日本の指定席券売機

東海道新幹線の駅にたくさん置かれている、エクスプレス予約のきっぷ専用受取券売機。

のか。そもそもどういうきっぷを買えばいいのかわからないのか。こうした指定券の券売機は、どこの駅でも**概して空いている**のも事実。長蛇の列に並ぶ必要もなく**スピーディにきっぷが買える**ので、私などは重宝しています。

JR側でも人手がかからない券売機の利用を早く普及させたいのでしょう。わざわざ指定券自動券売機前に係員を配置して、手取り足取り操作方法を教えていたりします。ある程度、自分の旅に際して買うべききっぷがわかっているのなら、思い切ってチャレンジしてみてはいかがでしょうか。

余談ですが、JR西日本の場合、一部の旧型自動券売機だと領収書が自動的に発行できません。しかし「みどりの券売機」だと、発駅・着駅を指定する手間がかかりますが、近距離の乗車券でも購入することができ、かつ領収書も発行してもらえます。私の場合はこれ、恥ずかしながら仕事仲間に教えられて初めて知りました。自営業者にはありがたい機能です。

なお、寝台券や発売地域限定の割引きっぷなど、実際に自動券売機では買えないきっぷも一部にはあります。券売機で購入できない割引きっぷなどは、「みどりの窓口」ならまず購入できるで、尋ねてみてください。

1-⑪ 《第1章「きっぷ」についての基礎知識》

チケットレスサービスとは

インターネット予約から、きっぷの
受け取りなしに列車に乗れる

　一部のインターネット予約の特徴として、「チケットレスサービス」が受けられるということがあります。文字通り、予約した後、紙のきっぷを駅で受け取ることなく列車に乗れるというサービスです。「きっぷを手にすることなく列車に乗れる」という広い意味では、SuicaなどICカード乗車券を使っての乗車もチケットレスとなりますが、ここではJRの指定券のチケットレスサービスについて紹介します。

　チケットレスサービスでは、インターネット経由で列車・座席が予約され、クレジットカードで決済・購入されたという情報が、鉄道会社と利用者の間で共有されています。これにて輸送サービスの契約は完了です。

　乗車には必ず特急券が必要な新幹線では、携帯電話、スマートフォンといった、利用者が持っている、登録済みの携帯情報端末などの固有情報が、自動改札機にタッチして通過しようとした際、鉄道会社のサーバーに蓄積された、日時・区間・列車といった予約済みの情報と照合されます。そして、その端末の所持者が、予約された列車に乗車することができる、正当な利用者であるということを確認する仕組みです。

　在来線や私鉄の特急を対象にしているものでは、仕組みはもう少し簡単。予約・購入が完了した情報が携帯情報端末にメールなどで送られ、それに記載されている指定された座席に座ればそれでOKです。改札は特に必要なく、ICカード乗車券で乗っても構いません。この場合も車掌が端末を持っ

50

ており、どの座席が特急券発売済みであるかを把握していますので、車内改札も省略。空席という情報なのに座っている人がいる場合のみ、声をかけて「きっぷ拝見」となります。

　JR各社が実施しているチケットレスサービスで代表的なものとしては、新幹線に乗れるJR東日本の**「新幹線eチケット」**と、JR東海の**「EX-IC」「スマートEX」**などが挙げられます。

「新幹線eチケット」は、2020年2月に始まったJR東日本の新しいサービス。それまでの「モバイルSuica特急券」を「えきねっと」に統合した形です。

「えきねっと」会員であれば、あらかじめ「Suica」など手持ちの交通系ICカード（全国相互利用できる10種類のカードのどれか）を登録しておけば、それで準備はOK。新幹線の予約は「えきねっと」から行い、駅の改札口では、登録したICカードを自動改札機にタッチすれば乗車できるという、シンプルなサービスです。座席番号などは、事前に送られる予約内容確認メールで確認できます。また、改札口内に設置される「座席

票発行機」を操作することでも、確認可能です。

　ICカードの登録は最大6枚まで可能で、家族やグループで同時にチケットレスサービスを利用することもできます。割引額は大きくなく、指定席の場合のみ、所定の運賃＋特急料金から200円引き。ただし「えきねっとトクだ値」などの割引商品も、「新幹線eチケット」での乗車ができます。その他の利用条件は「えきねっと」に準じます（1-09参照）。

　一方の「EX-IC」は「エクスプレス予約」のサービスの一つ。会員に送られてくる専用のICカード（EX-ICカード）、または登録済みの「モバイルSuica」利用可能な携帯情報端末を使って、改札口を通ります。「スマートEX」は手持ちのクレジットカードと交通系ICカードを登録して使います。「エクスプレス予約」「スマートEX」がJR東日本のサービスと異なる点は、利用する際は、自動改札機にICカード・端末をタッチすると、「EXご利用票（座席のご案内）」という小さな紙が機械から出てきて、乗車の時はそれを見て、指定された座席を確認でき

チケットレスサービスのいろいろ

新幹線のeチケットサービスの案内(上)と
EXご利用票

ることなどがあります。

　この「EXご利用票」には、「このご利用票はきっぷではありません」と明記されています。車掌に求められた際には、これを提示することになりますが、改札口を通ることはできません。あくまでこれは、例えていうなら「メモ書き」にすぎないのです。

　なお、チケットレスサービスではありませんが、エクスプレス予約では、ICカードを利用せずとも特急券だけを予約し、クレジットカードを使って乗車前に「e特急券」を駅で受け取ってから乗るという方法を取ることもできます。どちらを利用するかは、予約時に選択できます。

　「新幹線eチケット」は、新幹線の停車駅相互間で乗車券と特急券がセットになった新幹線専用商品。ただ、乗降駅周辺の路線は、Suicaの利用エリアであれば、チャージを使ってスムーズに乗車できます。「エクスプレス予約」も同じく新幹線専用。「EX-IC」の場合は、乗車券＋特急券での発売で、新幹線駅の相互間でしか利用できないのは同じです。しかし、「e特急券」を利用すれば、例えば東京都区内〜和歌山間の乗車券を別に購入し、東京〜新大阪間の「e特急券」と組み合わせて使うということもできます。

1-⑫ 《第1章「きっぷ」についての基礎知識》

クレジットカードを使うには?

きっぷはクレジットカードで買える
変更や払い戻しなどもルール通り

欧米では、クレジットカードの利用は日常的な買い物のレベルまで常識となっています。日本でも、最近はそれにどんどん近づいており、スーパーやコンビニエンスストアーでも気軽にクレジットカードを使う人が増えてきました。

国鉄の「みどりの窓口」でクレジットカードが利用できるようになったのは1985年に「JNRカード」が発行されてから。1987年に民営化されJRとなってからは徐々に普及し、今では「みどりの窓口」でも使えるのが当然となっています。もちろん、旅行代理店の窓口できっぷを買う時にも利用できます。

使い方は、一般の商店で買い物をする時と特に変わりはありません。**基本的にサインや暗証番号が**必要となるのも、同じです。指定券の自動券売機（1-10参照）でも、暗証番号を入力することで利用できます。

購入後は「クレジットカードご利用票」が渡されますので、保管しておくこと。ただし、これは領収書と同じくきっぷには当たらないので、きっぷ代わりに使うことはできません（1-01参照）。

クレジットカードで購入したきっぷには「C制」といった記号が印字、またはスタンプで押され、現金で購入したきっぷと区別されます。しかし、実際に列車に乗る際の違いはありません。特に意識する必要はないでしょう。

ただ、多少違いが出てくるのが、変更・払い戻しの際です。以前は、購入した会社の窓口でしか変更・払い戻しができないということが

ありましたが、現在では現金で購入したのきっぷとまったく同様に変更や払い戻し（5-01、5-03参照）ができますので、ご安心を。その際、いったん全額をカード利用口座に戻して、改めて変更後のきっぷの値段、あるいは手数料分を改めて銀行口座から引き落とすという手順が取られます。変更後のきっぷには、やはり「乗変」の文字が入ります。

　なお、**旅行代理店で購入したきっぷ**は、購入時に注意があるはずですが、**基本的に購入した店舗でしか払い戻しできません**ので注意してください。変更・払い戻しが必要となった場合には、駅できっぷを使用しなかった旨の証明をしてもらい、改めて必要なきっぷを購入することになります。

「ビューカード（JR東日本）」「EXPRESS CARD（JR東海）」など、JR各社が発行しているクレジットカードもあり、「エクスプレス予約（1-09参照）」ができるなどのサービス、特典もついていますが、発行会社のエリアでしか使えないということではありません。クレジットカード機能がついていれば、全世界で使えます。

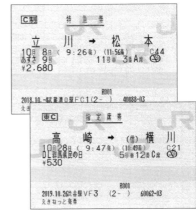

クレジットカードで購入したきっぷの例。一般的には「C制」、JR各社のカードを利用した場合は「東C」のような個別の記号が入る。

例えば、JR東日本の「みどりの窓口」で、JR西日本のJ-WESTカードを利用してもいいのです。提携している国際ブランドのカード（VISA、マスターカードなど）として使えます。

　なお、第三セクター鉄道などへ移管されたJR指定券の発売窓口では、クレジットカードが使えない場合もありますので、注意が必要です。私鉄の窓口でも、大手を中心にクレジットカードが使える会社も多くありますが、特急券や定期券など買えるきっぷが制限されることもあります。

第2章

きっぷのルール
「乗車券編」

鉄道に乗る時の基本中の基本が、

運賃を払って買う乗車券。

運賃計算のルールには、

いろいろな特例もあります。

2-**01** 《第2章 きっぷのルール「乗車券編」》

運賃計算の基本
――― **乗車券のルール①**

乗車駅から下車駅までの「営業キロ」を算出し
運賃表に当てはめる

鉄道で旅行をする時に必ず支払わなければならない運賃の額は、乗車する区間の経路通りに計算された「**営業キロ**」に応じています。市販の時刻表を開くと、各路線のページのいちばん始め、駅名が縦にずらりと並んでいる隣りに「営業キロ」という欄があり、基準として0.0kmが示されている駅からの距離が添えられています。例えば東海道本線は東京駅が0.0kmで、以下、新橋1.9km、品川6.8km……となっています。このキロ数は基本的に、駅と駅との間の実際の距離に基づいています。

このキロ数から、乗車する区間の営業キロが計算できます。例えば横浜から熱海までの営業キロは、104.6km − 28.8km = 75.8km。これを時刻表では巻末の営業案内（ピンク色の紙に印刷されていること

が多いので、「**ピンクのページ**」などと呼ばれます）にある運賃表と照らし合わせれば、運賃がわかります。**算出された営業キロの1km未満は切り上げる**きまりなので、76kmの運賃を調べればよいのです。

後に詳しく解説しますが、JRの運賃表は路線の種類に応じていくつかあります。横浜～熱海間は、日本を代表する大動脈である東海道本線でJR東日本の区間ですから、本州3社（東日本・東海・西日本）の「幹線」の運賃表を参照します。

運賃は1kmごとではなく、ある程度の幅をもった区分ごとに決まっています。76kmの場合は、71～80kmに該当しますので、紙のきっぷの場合は1340円。Suicaが使える区間ですのでICカ

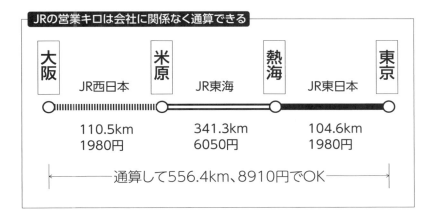

ード乗車券だと1342円です。

　いくつかの路線をまたがって利用する場合は、各区間の営業キロを合計します。横浜から東海道本線で熱海へ行き、熱海で伊東線に乗り継いで伊東まで行く場合は、横浜〜伊東間の乗車券を買えばよく、75.8kmに熱海〜伊東間の営業キロ16.9kmを足して92.7km。端数を切り上げて93kmに対応する1690円（ICカード乗車券では1694円）が運賃となります。

　今は鉄道会社の公式インターネットサイトが普及しており、検索すれば簡単に運賃がわかる時代です。ただ、単純なルートなら問題はありませんが、巻頭ルポで登場した「東京都区内から大宮ゆき」の乗車券のような複雑なルートだと、一般向けサイトでは検索できない場合もあります。もちろん、JRのコンピューター予約・発券システム「MARS（マルス）」を操作すれば、乗車券が成立するルートである限り、きちんと計算され発券されますが、一般の利用者が事前に運賃を知ろうとすれば、今でも時刻表と電卓のお世話にならなければなりません。

「東京都区内から大宮ゆき」の運賃を計算してみましょう。新幹線と在来線が並行している場合は基本的に営業キロは同じ（2-06参照）なので、東京〜長岡間は上越新幹線のページから270.6kmとすぐわかります。以下、長岡〜新津間は信越本線のページから48.1km。新津〜秋田間は羽越本

線のページから271.7km。秋田〜新青森間は奥羽本線のページから181.9km。そして新青森〜大宮間は東北新幹線のページから683.4kmとわかります。

すべて合計すると1455.7km。切り上げて1456kmに対応する運賃は、経由ルートがすべて「幹線」であるため、1441〜1480kmの区分となり、ルポ当時は1万5540円。消費税率10％へ引き上げられた現在は1万6280円です。

そして、JRの運賃・料金を計算する際には、もう一つ原則があります。

国鉄が分割されてJR各社が発足した時、全国で1社だった頃のサービスを崩さないという前提から、**JRの異なる会社間をまたがって乗る場合であっても、運賃は通算する**というきまりが設けられました。例えば東京から大阪まで東海道本線経由で旅行する場合。東京〜熱海はJR東日本、熱海〜米原はJR東海、米原〜大阪はJR西日本の路線ですが、運賃を計算する時は熱海や米原で切る必要はなく、東京〜大阪間の営業キロ556.4kmに対応する8910円となります。

東京から上越、羽越本線などを経由して秋田方面へ向かうと、JR東日本の路線だけを通って羽後本荘の次の駅、羽後岩谷までの営業キロが554.7kmと、3社にまたがる東海道本線経由の東京〜大阪間とほぼ同じになります。しかし会社にかかわりなく運賃は同じ8910円です。

日本では「鉄道会社が別ならば、運賃も別計算」というのが〝常識〟。たとえ列車が直通運転している場合でも、一般的には接続駅を境に改めて初乗り運賃が必要になります。ところが、この常識に当てはまらないのがJRの旅客各社なのです。

仮に、会社ごとに切って計算しなければならないとすれば、東京〜熱海間104.6km・1980円＋熱海〜米原間341.3km・6050円＋米原〜大阪間110.5km・1980円の合計1万10円と1100円も高くついてしまいます。「分割」によって利用者が不利益を被らないよう、また、同じ乗車距離なのに、会社をまたがって乗るか乗らないかによって、運賃が違うという不公平を避けるために取り入れられた運賃計算方法なのです。

2-02 《第2章 きっぷのルール「乗車券編」》

「幹線」と「地方交通線」
──── 乗車券のルール②

路線や会社によって、適用される運賃が異なる

手元にある1970年代の時刻表を見ると、掲載されている当時の国鉄の運賃表は1種類だけ。営業キロが同じであれば、かつては東京の都心でも九州や北海道のローカル線でも運賃は同じでした。ひるがえって、今の時刻表を見ると、何種類もの運賃表が掲載されています。どのようになっているのでしょうか。

まず、大きく分けて「**幹線**」と「**地方交通線**」があります。これは国鉄末期の「国鉄再建法」により分類され、地方交通線に指定された路線には割高な運賃を適用するようになって以来、現在まで受け継がれているものです。

幹線のみを利用する場合は幹線の運賃表に、地方交通線のみを利用する場合は地方交通線の運賃表に、算出した営業キロを当てはめ

れば運賃がわかります。営業キロの刻み方などが異なり、やはり相対的に地方交通線の方が高めです。

前項では「原則」として、JRの運賃は利用する会社にかかわらず、乗車駅から下車駅まで営業キロを通算すると紹介しましたが、それは幹線と地方交通線の間でも同じです。

まず、本州3社で幹線と地方交通線をまたがって利用する場合。地方交通線に指定された路線の時刻表のページを見ると、営業キロの隣りに「**換算キロ**」という欄があり、示されているキロ数は、営業キロの1.1倍になっています。

この場合の運賃は、幹線の営業キロと地方交通線の換算キロを使って全区間の「**運賃計算キロ（営業キロと換算キロを合算したもの）**」を算出し、「**幹線の運賃表を**

■「幹線」と「地方交通線」／2-02■

適用」**する**のです。

例えば松本から身延までの運賃は、松本〜甲府間の営業キロ101.3kmに富士〜身延間の換算キロ49.4kmを加えて計150.7km。端数を切り上げた151kmを幹線の運賃表に当てはめ、2640円ということになります。

ただ利用する駅の間の営業キロが10kmまでの場合は換算キロは使わず営業キロで計算し、かつ幹線ではなく地方交通線の運賃表を適用するという例外があります。

一方、本州3社と、JR北海道、JR四国、JR九州のいわゆる「三島会社」も、運賃が異なります。分割民営化後、三島会社は消費税率の改訂時以外にも運賃の値上げが認められたため、本州3社とは別の高めの運賃になったのです。

まずJR北海道の運賃は幹線と地方交通線の区別があり、運賃の計算方法は本州3社と同じ。運賃表がそれぞれ設定されています。時刻表の地方交通線の欄にも「換算キロ」の欄があります。

JR四国、JR九州の運賃表は1種類で、地方交通線には「**擬制キロ**」というものが導入されています。これも基本となる営業キロを1.1倍したものですが、地方交通線だけを利用する場合でも、この擬制キロを用いて運賃表と照らし合わせます。幹線と地方交通線をまたがって利用する際は、幹線の営業キロと地方交通線の擬制キロを足して運賃計算キロを算出し、運賃表を参照すればよいのです。

また、本州3社と三島会社の路線をまたがって利用する場合は、まず利用する全区間の運賃計算キロをルール通りに営業キロ、換算キロ、擬制キロから計算します。この運賃計算キロを本州3社の幹

線の運賃表に当てはめ、「基準額」を算出します。さらに、三島会社内だけの運賃計算キロを別に算出します。これを**「加算額表」**に当てはめて加算額を算出し、先の基準額に加えれば、利用区間の運賃がわかるという次第です。

例として、JR西日本の新山口駅からJR九州の由布院駅までの運賃を計算してみましょう。新山口～小倉間はJR西日本の山陽新幹線（幹線）で営業キロ80.7km。小倉～大分間はJR九州の日豊本線（幹線）で営業キロ132.9km。大分から由布院までの久大本線は地方交通線ですので、擬制キロの46.7kmを使用します。合計した運賃計算キロは260.3km。基準額は4840円です。JR九州内だけの

運賃計算キロは179.6km。この距離に対応する加算額は220円となり、4840 + 220 = 5060円が新山口～由布院間の運賃です。

他方、やや割安な運賃が適用される**「電車特定区間」**というエリアも、東京（首都圏）と大阪（京阪神間）にあります。競争相手となる交通機関が多いために設定されたもので、東京と大阪の間にも、運賃額の違いがあります。

山手線内、大阪環状線内のみに乗車する場合は、さらに安い運賃が適用されます。**これらの運賃は、エリア内の駅の相互間を利用する場合にのみ適用される**もので、区間や路線を限定して適用される「特定運賃」と同じ性格のものなのです。

2-**03** 《第2章 きっぷのルール「乗車券編」》

「都区内、特定市内発着」
運賃計算の特例1───乗車券のルール③

大都市圏発着の乗車券の特別ルールで
中心駅から計算する

こ れまで紹介してきた乗車券
の例の中に、「東京都区内
から」とか「名古屋市内ゆき」と
いったものが出てきました。これ
は運賃を計算する際には代表的な
〝特例〟の一つで、**「特定都区市
内」に発着する場合**の運賃計算方
法です。

大都市圏の駅はいずれも利用者
が多く、原則通りに各駅発着の乗
車券を発売していると、運賃計算
や機械などの設定、乗車券発行の
手間などがかさむ一方になります。
そこで省力化のため、全国の11
の都区市内では、中心駅と定めら
れた駅から営業キロ201km以上
の区間では「○○市内から・ゆ
き」として、中心駅からの運賃を
適用し、エリア内のどの駅でも乗
車・下車ができるようにしたので
す。ただし、**都区市内の駅では途**

中下車はできません。

特定都区市内と定められたエリ
アと中心駅は以下の通りです。駅
ホームの駅名標や、乗車券の券面
には「略号」が白抜き文字で添え
られます。

札幌市内（中心駅・札幌、略号
「札」）。仙台市内（仙台、「仙」）。
東京23区内＝東京都区内（東京、
「区」）。横浜市内（横浜、「浜」）。
名古屋市内（名古屋、「名」）。京
都市内（京都、「京」）。大阪市内
（大阪、「阪」）。神戸市内（神戸、
「神」）。広島市内（広島、「広」）。
北九州市内（小倉、「九」）。福岡
市内（博多、「福」）。

「東京都区内・○○市内」と定め
られた駅は、おおむね行政上の東
京23区内や各市内にある駅と一
致していますが、一部例外となっ
ている駅もあります。例えば「横

浜市内」には、川崎・尻手・八丁畷・川崎新町・小田栄と川崎市内にある鶴見線内の各駅が含まれています。これは南武線矢向駅の住所が横浜市鶴見区であるためで、矢向だけを横浜市内に含めると、横浜駅との間には川崎市内の各駅が位置しており、「離れ小島」になってしまうからです。

さて、特定都区市内発着の乗車券について、注意しなければならない点が二つあります。

一つは、**乗車券の発駅または着駅が含まれる特定都区市内にのみ、かかわるルール**であること。「東京都区内から東海道新幹線経由大阪市内ゆき」の乗車券を持ち、京都でいったん新幹線を降りて山陰本線(嵯峨野線)に乗り換え、二条で下車した場合。京都〜二条間の運賃を別途、支払わなければなりません。二条は京都市内に含まれる駅ですが、この乗車券の発駅・着駅に京都市内はかかわっていないので、経路通りにしか乗車できません。

もう一つが「**各中心駅から営業キロ201km以上となる各駅**」**との間で適用されるルール**であること。実際の乗車駅から201km以

上ではありません。

東京から中央本線を利用して松本方面へ向かう場合、「東京都区内発」となるのは上諏訪以遠となります。東京都区内〜上諏訪間の運賃は3740円です。この乗車券を持っていれば、蒲田からでも北千住からでも、都区内に含まれる駅なら、どこから乗っても問題ありません。

ところが、例えば西荻窪から上諏訪へ行く場合。都区内の駅ですので西荻窪〜上諏訪間の運賃も東京駅から計算されて3740円となりますが、実は西荻窪〜上諏訪間の営業キロは181.3kmしかなく、仮に原則通りに計算すると、3410円で済んでしまうのです。損になりますが、ルール上は仕方がありません。

特定都区市内のミニチュア版として、「**東京山手線内発・着**(略称は「山」)」の運賃計算方法もあります。これは東京駅からの営業キロが100km以上200kmまでの駅と、山手線内の各駅(中央本線御茶ノ水〜千駄ヶ谷間の各駅も含む)との間で適用されるもの。運賃は都区内発と同じく東京駅からの計算になります。

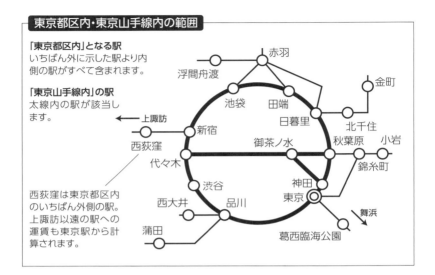

　都区内、特定市内においては「エリア全体が一つの大きな駅」ととらえると、理解しやすいです。

　例えば、4-02で実物を紹介した連続乗車券において、連続1は東京都区内から東京都区内ゆきで、連続2は連続乗車券の原則（1-04参照）からすれば、連続1の着駅が発駅とならなければなりません。けれども東京〜小山間の営業キロは80.6kmなので、実際に旅行を始める渋谷からとなっています。渋谷は東京都区内という「大きな駅」に含まれていますので、これで成立するのです。

　なお、都区内、特定市内の駅を出発しエリア外に出てから、再び出発地の都区内、特定市内を通過する場合。あるいは逆パターンで都区内、特定市内が着駅となる場合は、この制度を適用せず、乗車区間通りの発駅・着駅の乗車券を発売できる特例があります。

「山」「区」が表示された駅名標

2-**04** 《第2章 きっぷのルール「乗車券編」》

「大都市近郊区間」
運賃計算の特例2──乗車券のルール④

乗車経路にかかわらず、
最短経路で運賃を計算するエリア

例えば東京から池袋までJRで行く場合。山手線の内回り電車に乗れば25分ほどで着きます。ただ、中央快速線に乗り新宿で埼京線に乗り換えても、所要時間は25分ほどです。どちらを選ぶかは人それぞれでしょう。運賃はどちらも200円です。きっぷを買う時も山手線経由か中央線経由かは尋ねられません。いちいち尋ねられたとしても、面倒です。

これは**大都市の「近郊区間」**内の駅に相互発着する特例に該当するケースです。近郊区間は東京、仙台、新潟、大阪、福岡の五つのエリアで設定されています。この区間内のみを普通乗車券（ICカード乗車券を含む）、回数乗車券で利用する場合、片道乗車券として成立する「一筆書き」ルートである限り、乗車経路は自由。運賃

は乗車駅と下車駅との間の最短距離で計算するという、ルールがあるのです。路線の数が多く、複数の経路が選べるケースがあちこちにあるため、乗車券発行の手間を省くために設けられた制度です。

東京～池袋間の場合は、山手線田端経由が最短（12.3km）で、山手線内の運賃が適用されて200円となっています。

なお、**近郊区間内のみを通る乗車券は、距離や運賃にかかわらず途中下車はできません。**有効日数も1日限り。これは上野～いわき、新宿～松本といった区間でも同じです。

「近郊区間を飛び出さず、途中で改札口も出ずに、一筆書きルートで乗る限り、乗車経路は自由」という制度を活かした遊びが、いわゆる「**大回り乗車**」「**140円旅**

65

■「大都市近郊区間」／2-04■

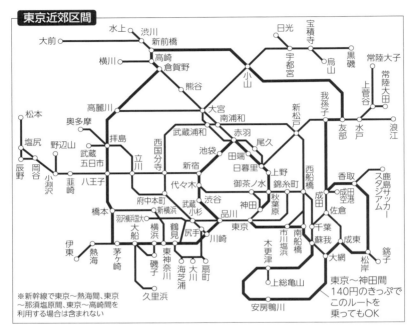

※新幹線で東京〜熱海間、東京〜那須塩原間、東京〜高崎間を利用する場合は含まれない

行」というものです。東京〜池袋間を、例えば東海道本線〜横浜線〜八高線〜川越線〜埼京線経由で旅行しても、同じ駅を二度通っていないので問題ありません。突き詰めると、「東京からの最低運賃（140円）で、どれだけ長い距離、列車に乗れるか？」というパズルのような問題になり、最長ルートを求めたり、実際にそのルートを乗車する鉄道ファンもいます。

なお近年、この近郊区間は拡大傾向にあります。SuicaなどのICカード乗車券の普及とエリア拡大によるものです。現在、JR東日本では、Suicaが使えるJRの路線は、すべて近郊区間に含まれています。仙台や新潟の近郊区間は、Suicaの導入時に設定されました。

これは、運賃を下車時に引き落とすというICカード乗車券の性質上、そもそも事前の乗車経路の指定が不可能であることから、いわば近郊区間に関するルールを逆手に取って、Suica利用可能エリア＝近郊区間としたものです。

《第2章 きっぷのルール「乗車券編」》

「特定区間」「選択乗車」「都区内の通過」「区間外乗車」
運賃計算の特例3───乗車券のルール⑤

乗車券に指定された経路以外に乗れる
「特例」の数々

2-01で述べたように、運賃計算の元となる営業キロ、運賃計算キロは実際に乗る経路通りに計算することが原則です。しかし、原則があれば例外もあるのが世の常。2-04で紹介した近郊区間など、最たるものかもしれません。

JRの路線には、両者の需要がほぼ等しかったり、列車の運転の都合などにより、同じ区間であっても、同等に利用できる経路が複数ある場合があります。

このうち、全国で九つの区間は「**特定区間**」に指定され、運賃の他、特急・急行料金、グリーン料金も、実際の乗車経路にかかわらず、**必ず短い方の経路で計算することとされています。**

特定区間では自動的に運賃計算が行われるので、利用者は「どちらを経由するか」を申し出る必要

はありません。そしてどちらの経路を通ってもよく、途中下車ができるきっぷであれば途中下車も自由にできます。

岩国～櫛ヶ浜間における山陽本線と岩徳線（地方交通線である岩徳線の方が短い）の特定区間などは山陽新幹線の運賃計算にも影響しており、新岩国～徳山間を通る場合は、新幹線なのに換算キロがかかわる運賃計算キロを使わねばなりません。短絡線として岩徳線が建設され、一時は今の岩徳線の方が山陽本線となって、急行などが経由していたという歴史がこの区間にはからんでいて、今に至っているのです。

利用者の便宜を図ったルールとしては、特定区間と似た「**選択乗車**」の制度もあります。これは、**指定された区間において、乗車券**

67

■「特定区間」「選択乗車」「都区内の通過」「区間外乗車」／2-05■

■ **特定区間の一覧** (★の経路で運賃を計算)

大沼〜森	★函館本線(大沼公園経由)／函館本線(東森経由)
赤羽〜大宮	★東北本線(浦和経由)／東北本線「埼京線」(戸田公園経由)
日暮里〜赤羽	★東北本線「京浜東北線」(王子経由)／東北本線(尾久経由)
品川〜鶴見	★東海道本線(川崎経由)／東海道本線「横須賀線」(新川崎経由)
東京〜蘇我	★総武本線＋外房線／京葉線
山科〜近江塩津	★湖西線／東海道本線＋北陸本線
大阪〜天王寺	★大阪環状線(天満経由)／大阪環状線(福島経由)
三原〜海田市	★山陽本線／呉線
岩国〜櫛ヶ浜	★岩徳線／山陽本線

に記された経路＝運賃計算に使った経路以外の、別な経路も選んで列車に乗車できるもの。2020年3月現在、57の区間が指定されており、旅客営業規則に掲載されています。

代表的なものは新幹線と並行する在来線にかかわるもので(2-06参照)、今では大半がそうした区間ですが、在来線だけが関係する区間もあります。例えば、相生〜東岡山間には山陽本線経由と赤穂線経由の二つのルートがあり、運転本数などの利便性はどちらも似たようなものです。ここは選択乗車ができる区間の一つに指定されており、山陽本線経由の乗車券を持っていたとしても、仮に赤穂線の列車が先に来た場合などは、そのまま赤穂線経由を「選択」して「乗車」しても差し支えありません。乗車券の経路を変更する必要はなく、選んだ経路上での途中下車も可能です。

選択乗車が特定区間と異なる点は、乗車券を購入する際は経路を指定しなければならないこと。必ず距離が短い方で運賃を計算してくれるわけではなく、距離が長い経路でも乗車券は買えます。

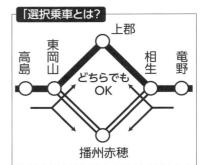

「選択乗車とは？」

相生以遠(竜野方面)と東岡山以遠(高島方面)の各駅の相互間を旅行する場合、山陽本線上郡経由の乗車券で、播州赤穂経由の赤穂線に乗車することもできる。逆の場合も可。

特定区間を拡大したようなルールが東京都区内にあります。右の図の太線で示した区間を通過する場合、経路が重なったり同じ駅を二度通らない限り（つまり一筆書きルートである限り）、**乗車経路は自由で、運賃は最短経路で計算する**という制度です。

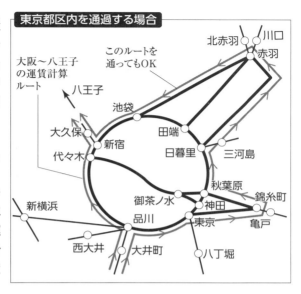

例えば、大阪市内から都区内を通り八王子まで行く場合。運賃を計算する経路は、営業キロが最短となる品川〜新宿間で山手線を経由するルートになります。仮に大阪〜東京〜八王子と乗るとしたら、通常は営業キロ603.8kmで運賃9790円になるところを、この制度のおかげで597.3km、9460円で済みます。この乗車券で例えば東京駅に着いた後、錦糸町〜秋葉原〜赤羽〜池袋〜新宿と乗って八王子へ向かうこともでき、途中下車しても構いません。

この他、JRには「**区間外乗車**」といって、**経路として指定していない＝運賃を払っていない区間に乗れてしまう特例**も用意されています。まず分岐駅に、特急など片方の路線の列車が停まらないため。あるいは列車の運転の都合上などから、直近の停車駅まで乗車することを認めたという区間があります。

例えば、金沢から特急「サンダーバード」に乗って大津まで行く場合。湖西線と、大津駅がある東海道本線との分岐駅、山科に「サンダーバード」は停車しません。そこで便宜を図って、運賃は金沢

〜山科〜大津で計算し、実際には山科と特急停車駅の京都との間の往復を無料で乗車することが認められているのです。ただし、京都で**途中下車はできません**。

あるいは博多〜大分間の特急「ソニック」。この列車は小倉で折返し運転をする際、西小倉〜小倉間を2回通りますが、当然、区間外乗車が可能になっています。

時刻表でも列挙されていますが、こうした特例が適用される区間が山科〜京都間、西小倉〜小倉間など短い区間ばかり、全国で47区間、具体的に指定されています。指定されていない区間では区間外乗車はできません。

また、分岐駅を通過する列車に対する特例に対し、運転系統上の都合などにより、乗車券の区間外に乗車できる特例もあります。適用区間は、下の表の12カ所。いずれも、列車によっては実際の分岐駅では乗り換えられないケースがあるため、設けられています。

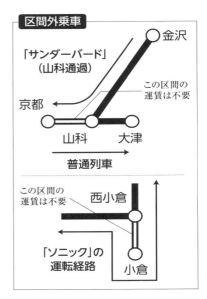

■特定の分岐区間で区間外乗車が可能なルート

実際に乗車するルート	「区間外」とされる区間
松島・愛宕以遠〜高城町以遠	塩釜〜松島
西日暮里以遠〜三河島以遠	日暮里〜東京
日暮里・鶯谷・西日暮里以遠〜三河島以遠〜尾久間	日暮里・鶯谷〜上野
西大井以遠〜品川以遠	品川〜大崎
鶴見・新子安・東神奈川・川崎以遠・国道以遠・大口以遠〜新川崎・西大井・武蔵小杉以遠	鶴見・新子安・東神奈川〜横浜
鶴見・新子安・東神奈川・川崎以遠・国道以遠・大口以遠〜羽沢横浜国大	鶴見・新子安・東神奈川〜横浜、鶴見〜武蔵小杉
横浜以遠・新川崎〜羽沢横浜国大	鶴見・新川崎〜武蔵小杉
武蔵白石・浜川崎以遠〜大川	武蔵白石〜安善
今宮・芦原橋以遠〜JR難波	今宮〜新今宮
宇多津以遠〜児島以遠	宇多津〜坂出
折尾以遠〜東水巻以遠	折尾〜黒崎

2-06 《第2章 きっぷのルール「乗車券編」》

新幹線と在来線の関係
―――― 乗車券のルール⑥

新幹線は並行する在来線と「同じ路線」と見なすが、一部例外も

東海道新幹線開業は1964年のことでしたが、新幹線はもともと、在来線の輸送力増強のための「複々線」と位置づけられて建設された経緯があります。そのため、両者は同じ路線と見なされ、営業キロも新幹線が在来線に合わされました。例えば東京～新大阪間は、東海道新幹線でも東海道本線でも552.6kmです。おおむね新幹線の線路は在来線より駅間距離が短い（東京～新大阪間の路線延長は515.4km）のですが、ほとんどの新幹線駅が東海道本線に併設されたこともあって、「同じ路線」

という考え方が採り入れられました。

その代わり、新幹線と並行する在来線との間は、自動的に「選択乗車」の関係となりました。東海道新幹線経由の東京都区内から大阪市内ゆきの乗車券を持っていて、全区間、東海道本線で旅行してもよいのです。

逆に新幹線と在来線は同じ路線であるがゆえ、例えば新大阪～京都間を新幹線に乗り、京都から東海道本線で西大路まで行くとしても「新大阪から京都経由西大路ゆき」の片道乗車券にはできません。

■ 在来線と別路線扱いの区間一覧

東海道・山陽新幹線	品川～小田原／三島～静岡／名古屋～米原／新大阪～西明石／福山～三原／三原～広島／広島～徳山
九州新幹線	博多～久留米／筑後船小屋～熊本
東北新幹線	福島～仙台／仙台～一ノ関／一ノ関～北上／北上～盛岡
上越新幹線	熊谷～高崎／高崎～越後湯沢／長岡～新潟

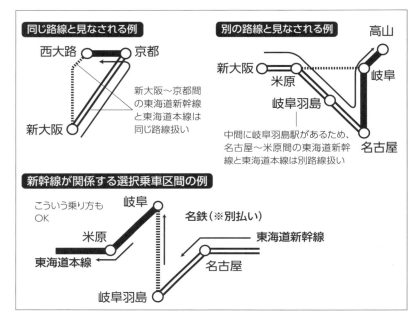

同じ路線を折り返す経路となり、新大阪～京都間と京都～西大路間の運賃がそれぞれ必要です。

　一方、新横浜や岐阜羽島のように在来線から離れた場所に駅ができた例もありました。こうした駅は、在来線の対応する駅と営業キロが同一にされています。新横浜は横浜、岐阜羽島には岐阜が対応します。選択乗車区間も設定され、例えば東海道新幹線経由の乗車券で東京～岐阜羽島（名鉄の別運賃が必要）岐阜～米原のように乗車することもできます。

　さらに、新横浜や岐阜羽島をはさむ東京（現在は品川）～小田原間と名古屋～米原間のような区間に限り、東海道本線とは「別の路線」と見なされるとされました。これにより、大阪市内～名古屋～岐阜経由高山といったルートが片道乗車券として発売できます。

　こうした原則は、山陽新幹線以降、新しく開業した各新幹線にも受け継がれました。並行する在来線から離れた白石蔵王や上毛高原

といった駅と、駅をはさむ区間には、「別路線扱い」と2-05で紹介した選択乗車区間が漏れなく設定されました。

ただ、1997年の長野新幹線開業の時に様子が変わりました。この時、並行する信越本線は横川〜軽井沢間が廃止。軽井沢〜篠ノ井間がしなの鉄道へ経営移管され、「新幹線は在来線の複々線化」という考え方が崩れたのです。それゆえ長野新幹線には、初めて新幹線独自の営業キロ（高崎〜長野間117.4km）が設定されました。そ

博多に到着した「こだま」。新下関〜博多間は新幹線と在来線では運賃が違います。

の後、同様に並行在来線が第三セクターへ移管された九州新幹線の新八代〜川内間、東北新幹線の盛岡〜新青森間などには、長野新幹線と同様、新幹線の独自の営業キロが設定されています。

さて、1カ所だけ、注意が必要な区間があります。JR西日本の山陽新幹線とJR九州の鹿児島本線が並走する新下関〜博多間です。この区間は、両社で運賃が違います。例えば小倉〜博多間は新幹線経由で1170円、在来線経由で1310円です。そのため、乗車券を買う時には経路を指定しなければなりません。「JR西日本を経由」と指定するのがお得です。片道新幹線・片道在来線経由、つまり往復で経路が異なっていても、往復乗車券が発売できるので、往復する場合も同様です。

東北新幹線白石蔵王駅

東北本線白石駅。

2-07　《第2章 きっぷのルール「乗車券編」》

「連絡運輸」とは?
──── 乗車券のルール⑦

JRと私鉄など、
異なる会社間にまたがる乗車券を1枚で買える

新大阪で、東海道新幹線から特急「スーパーはくと」に乗り継いで鳥取へ……ごくふつうのルートのように思えますが、途中、この特急は上郡〜智頭間で智頭急行の路線を通ります。JRではない、第三セクター鉄道です。

大半の人はそういうことは気にせず?「東京都区内から鳥取ゆき」といった乗車券を買って乗ることでしょう。経由には会社名も入っているはずですが、乗車券としては1枚です。

このようにJRと私鉄・第三セクター、あるいは私鉄同士、私鉄と地下鉄など、異なる会社間をまたがって乗車する時、乗車区間を〝通し〟にして乗車券、あるいは特急券などでも、会社ごとに分けずに1枚にまとめて発行してもらえるケースがあります。こうした

制度を「連絡運輸」といいます。

連絡運輸の制度を適用して発売される乗車券を「連絡乗車券」とも呼びます。また「スーパーはくと」の運転ルートのように、中間に他の会社の路線をはさんで行う連絡運輸を「通過連絡運輸」といいます。

連絡運輸が適用される区間は、会社間の取り決めによって具体的に細かく定められています。例えば「スーパーはくと」の停車駅相互間や、東海道本線・伊東線と伊豆急行など、列車が直通運転している区間なら、まず問題ありません。また、駅に他社線の駅までの運賃表が掲げてあれば大丈夫です。

そうではない区間では駅の窓口で確認が必要です。JR東海のように、連絡運輸についての約款を定めた「**旅客連絡運輸規則**」をサ

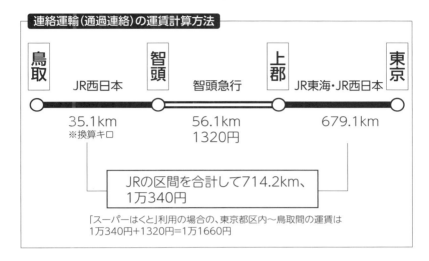

イト上で公開している会社もあり、これの別表を見ると、連絡運輸を行う区間がわかります。最近はJRとローカル私鉄との間の連絡運輸が縮小される傾向にあるのは残念です。ローカル私鉄の一部では、JRでは比較的早くに消えてしまった「硬券」が、連絡乗車券として残っているところもあります。

連絡運輸が適用される場合の運賃は、基本的に各会社ごとに計算した額の合算です。ただし通過連絡運輸の場合は、前後の同じ会社の区間の営業キロを合計して算出された運賃と、他社の運賃の合算となります。また、近距離の場合は、初乗り運賃が2回かかって割高になるのを防ぐため、特例として割引運賃を適用しているケースも多く見られます。例えば、東京メトロと都営地下鉄の連絡乗車券は、双方の合計額から70円引きになっています。

連絡運輸のメリットは、利用者にとっては、乗り換え駅でいちいち乗車券を買い直さずに済むことです。特に大都市圏では、私鉄と地下鉄など相互直通運転を行っている区間では連絡運輸の制度が不可欠ともいえます。直通を行っていなくても、定期券で広く連絡運輸が行われており、1枚の定期券で複数の会社にまたがって乗れるのが当たり前になっています。

2-08 《第2章 きっぷのルール「乗車券編」》

乗車券の有効期間
―――乗車券のルール⑧

営業キロ 200kmごとに、
有効期間が1日ずつ延びてゆく

乗車券には「**有効期間**」があり、「○月×日から△日まで有効」「当日限り有効」といったように券面に表示されます。

1日限り有効となる〝例外〟のケースを除く、乗車券の有効期間の計算方法は簡単です。200kmを一区切りとして1日が加わっていくという法則性を持っているので、乗車券の全区間の「営業キロ」を200で割り、小数点以下の端数は切り上げて1を足せばいいのです。営業キロ101km以上、200kmまでの乗車券は2日間有効。1000kmまでの乗車券は6日間有効ということになります。東京都区内から大阪市内までは営業キロ556.4kmですので、556.4÷200＝2.782。切り上げて3に1を足した4日間が有効期間です。どんなに長い距離の乗車券でも、同じよう

に計算できます。

この場合、気をつけなければいけないのは、**有効期間計算を「営業キロ」に基づいて行うこと**。換算キロ、擬制キロがかかわる運賃計算キロではありません。運賃計算キロは名前の通り、あくまで「運賃の計算の際にのみ」使用するキロ数です。他にも特急料金を計算する際など、運賃計算以外はすべて営業キロが基本となります。

なお、**往復乗車券の有効日数は同じ区間の片道乗車券の2倍。連続乗車券は「連続1」「連続2」の2枚の券の各区間の有効日数を足したもの**となります。

例外的に、有効期間が1日限りとなる乗車券としては、まず営業キロが100kmまでの片道乗車券があります。

例えば、大阪から姫路経由播但

近郊区間に含まれるかどうかで、有効日数が違う！

松本　いわき

新宿　上野

全区間が東京近郊区間に含まれるので、有効期間は営業キロにかかわらず1日限り。

北松本　わずか0.7km

松本　いわき

新宿　上野

ひと駅でも外せば、原則通り計算。このルートの乗車券は、4日間有効。

線の香呂駅までの乗車券は、運賃計算キロが大阪～姫路間87.9km＋姫路～香呂間換算キロ12.3km＝100.2kmですので、運賃は1980円となります。ところが、営業キロは87.9km＋11.2km＝99.1km。切り上げてちょうど100kmですので、有効期間は1日です。途中下車（2-09参照）がしたいなど有効期間を延ばしたければ、隣りの溝口まで買えばOK。運賃は1980円と同じですが、営業キロが101.1kmになり、2日間有効となります。

さらに東京、仙台、新潟、大阪、福岡の各**近郊区間内のみを通る乗車券は、営業キロにかかわらず有効期間1日です。**東京から池袋ゆきなどの短距離きっぷなら当然という感じですが、450.2kmも離れ、

運賃が7480円もするいわき～松本間であっても、東京近郊区間に含まれていますので、1日しか有効期間はありません。

この場合でも、近郊区間をひと駅でも外せば有効期間が延び、途中下車ができるようになります。いわき～松本間の場合、松本の隣りの北松本までの乗車券を買うと、運賃は7480円と同じですが、松本～北松本間は近郊区間ではないので、4日間有効（営業キロ450.9km）と原則通り。途中下車も自由にできます。

また、新幹線は近郊区間に含まれていませんので、新幹線経由にすると有効期間は原則通りの計算になり、選択乗車の制度を活用することで在来線にも乗れます（2-06参照）。

2-09 《第2章 きっぷのルール「乗車券編」》

途中下車
―――― 乗車券のルール⑨

乗車券の区間内で改札口からいったん出ること

東京から名古屋へ行って、一仕事。そこからさらに広島の取引先へ……という場合。乗車券を新幹線の特急券と一緒に、「東京都区内から名古屋市内ゆき」「名古屋市内から広島市内ゆき」と分けて買ってしまってはもったいない。6380円＋8580円＝1万4960円もかかります。「東京都区内から広島市内ゆき」を買って名古屋で「**途中下車**」すれば、1万1880円で済むのです。途中下車は、便利で安上がりになる制度でもあります。

途中下車とは、乗車券に示された区間・経路上において、いったん改札口を出ることをいいます。改札口がない無人駅については、列車から降りると途中下車として扱われます。しかし、無人駅で乗り換える場合は、その限りではあ

りません。その辺りは柔軟に扱われています。

途中下車は基本的に、後戻りしない限り、乗車券の有効期間内ならば何回でもできます。東海道本線をひと駅ずつ下車して……なんて旅も可能です。有人駅で途中下車すると駅名が入った途中下車印を押すきまりで、記念に集める人もいます。新幹線の自動改札機では乗り降りした駅名が自動的に印字されます。

ただし、以下の場合は途中下車できません。途中で改札口を出てしまうと乗車券は無効になり、残りの区間が使えなくなります。

まず、**営業キロ100kmまでの普通乗車券は途中下車できません。**つまり、2-08で紹介した大阪～香呂間の乗車券では、例えば姫路などで途中下車することはできませ

んが、大阪〜溝口間の乗車券だと自由に途中下車ができます。

また、東京、仙台、新潟、大阪、福岡の各**近郊区間内のみを通る乗車券は、営業キロにかかわらず途中下車できません**。同じく2-08で紹介した、いわきから松本ゆきの乗車券などが該当します。よって、**「有効期間1日の乗車券は、途中下車できない」**と覚えておけば間違いありません。

他に、「特定都区市内」発着の乗車券では、発駅・着駅のある都区内、市内では途中下車できません。「東京山手線内」発着の乗車券でも、同様に山手線内では途中下車できません。

例えば、「東京都区内から東海道本線経由大阪市内ゆき」の乗車券だと、蒲田までの都区内駅（例えば品川や大井町など）では途中下車できませんが、川崎から先、大阪市内に入る直前の吹田までの各駅では自由に途中下車できます。東淀川から先の大阪市内の駅では、改札口を出ると乗車券は回収されます。

この乗車券で新宿から乗って、品川まで来たところで忘れ物に気付いた、なんてケースも、ままあ

るでしょう。そうした場合は新宿〜品川間の運賃を別に支払えば、品川駅の改札口を出ることができ、乗車券はもう一度、都区内の駅から使えます。

例外としては、神戸市内発着の乗車券で東海道・山陽新幹線を利用する場合。当日中に在来線と新幹線を乗り継ぐのなら、新神戸と三ノ宮、元町、神戸、新長田の各駅では改札口を出ることができます。「のぞみ」で新神戸に着いた後、地下鉄で三ノ宮へ移動。JR神戸線の電車で須磨までといった乗り方が「神戸市内ゆき」の乗車券でできるのです。同様に、乗り継ぎの便を図って改札口を出入りできる例としては、大阪市内発着の乗車券における、大阪駅と北新地駅もあります。

なお、定期券は営業キロや近郊区間にかかわらず自由に途中下車できます。ところが、回数券は途中下車できません。また、「乗り放題タイプ」を除く割引きっぷには途中下車の制限があるもの（特に、往復の経路上）が多いので、確認が必要です。ICカード乗車券は制度上もシステム上も、一切、途中下車はできません。

2-⑩ 《第2章 きっぷのルール「乗車券編」》

入場券のルールと使い方

改札内へ入る時に必要
時間制限がある会社もある

日本の鉄道は明治の初め、改札口があるイギリスから運営のノウハウを学んだことから、他のヨーロッパの国とは違って、現在も改札口を通って列車に乗ることが基本になっています。無人駅はこの限りではありませんが、駅員がいる有人駅で、見送りや出迎えなどのために改札内に入る場合は、入場券を購入する必要があります。

入場料金は、その会社の**最低運賃と同額**が原則です。そのため本州のJR3社の各駅は150円が基本。大阪の電車特定区間内（2-02参照）の各駅では130円になります。JR北海道の各駅は200円。JR四国と小倉、博多を除くJR九州の各駅は170円となります。

原則から外れるのは、入場料金が異なる会社が2社以上、共同使用している駅の場合。**いちばん安い会社の入場料金が適用されます。**JR九州の小倉、博多はJR西日本に合わせて、入場料金は150円です。例えば名鉄（名古屋鉄道）は最低運賃が170円なので、入場料金も170円ですが、豊橋駅はJR東海と構内を共用しているため、入場料金もJR東海に合わせて150円と安くなります。

入場券は発売当日限り有効で、改札口を出れば回収されてしまいますが、1カ月間有効の定期入場券もあり、一部の駅で発売されています。値段は4620円です。JR北海道の駅では5920円。東京の電車特定区間内の駅では3950円、大阪の電車特定区間内では3960円などとなります。

毎日のように定期的に駅の改札口内に入るとは、いったいどうい

80

入場券のいろいろ

金沢駅のものは北陸新幹線開業日に係員が手売りしていたもの。「みどりの窓口」などで発売される様式だ。自動券売機からは、渋谷駅のような入場券が主に出てくる。いずれも時間制限がある。新函館北斗駅のものは北海道新幹線開業記念の硬券。

う目的なのかと思いますが、踏切や陸橋を迂回するより、駅の一方の改札口から反対側の改札口へ通り抜けた方が早い通勤客などに、一定の需要があるようです。

定期入場券を除く入場券は、JR北海道、JR東日本、JR東海、JR西日本の全駅とJR九州の小倉、博多の両駅では、**発売時刻から2時間以内**という使用時間の制限があります。2時間を超えると、超えた時間に対して2時間ごとに入場料金が必要となります。夢中になって列車の撮影をしていると、2時間ぐらいすぐに経ってしまいそうですので注意してください。最近、あちこちの大都市圏の駅に誕生している改札口内のショッピング・グルメ街（6-04参照）を利用する時も同じことです。

また、訪問の記念として入場券を購入する人も多くいます。日付と駅名が入るので、旅の記録にもなります。硬い紙でできた「硬券」の入場券は、JR北海道や一部の私鉄などにだけ残る貴重品です。観光客向けとして、イラストが入った特別な入場券も一部の駅に用意されています。

なお、**入場券では列車内に立ち入ることはできません。**もし列車に乗っても、入場料金は運賃には充当できず、乗車全区間の運賃が請求されます。

2-⓫ 《第2章 きっぷのルール「乗車券編」》

私鉄の乗車券の面白い制度

途中下車など、
JRとは少々違う制度を持つ私鉄もある

　私鉄、公営交通、第三セクターの鉄道各社は、鉄道営業法に基づき、基本的に国鉄〜JR各社に準じた旅客営業規則をそれぞれ定めています。ただ、路線網がJRほど複雑ではないため、おおむね「簡略化」されています。その一方で、地域の実情に合わせたルールが採り入れられている場合もあります。

　例えば、途中下車。営業キロが100kmを越える鉄道会社は限られますが、途中下車制度がある会社は、それなりにあります。

　香川県の高松琴平電気鉄道では、栗林公園、琴電屋島など、途中下車ができる駅が指定されています。大手私鉄では珍しく西鉄には途中下車制度があり、営業キロ17km（350円）を越える乗車券では途中下車が自由になります。

　ただしいずれも乗車券の着駅と運賃が同額になる駅で下車する場合や、ICカード乗車券利用の場合は途中下車不可です。

　最近、JRでは近郊区間の拡大に伴って途中下車できる範囲が狭まっていますが、利用促進策の一つとして、途中下車可能駅を増やした例もあります。島根県の一畑電車では2011年に、雲州平田駅を新たに指定しました。

　なお、JRとの連絡乗車券は、JR線だけの乗車券と同じように扱われ、全区間の営業キロが101km以上になる場合は、基本的にJR以外の路線でも途中下車できます。2-07 の「東京都区内から鳥取ゆき」の智頭急行内が例です。

　ただし、一部の私鉄では、連絡乗車券であっても路線内での途中

82

下車を認めていない場合もあります。また、JRの近郊区間に含まれる駅で接続している鉄道会社は近郊区間と同様に扱われ、全区間で途中下車不可、有効日数も1日限りとなります。

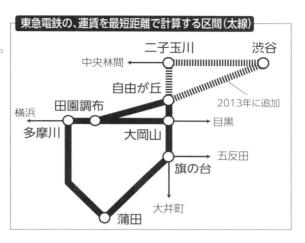

「特定区間」に似た制度があるのが、東武伊勢崎線の館林〜太田間（足利市経由・20.1km）です。この区間は小泉線も東小泉経由で結んでおり、そちらの方が距離も16.1kmと短いのですが、この区間を通過する場合の営業キロは特急「りょうもう」など直通列車も多い、伊勢崎線経由のものが適用されます。

大手私鉄ではICカード乗車券の普及もあって、乗車経路は指定しないことが基本。乗車券の有効期間も1日だけで、JRの近郊区間に似たルールです。

東急電鉄では別図の太線の区間が〝環状〟になっているため、区間内の駅に発着、またはこの区間を通過する場合、最短の営業キロで運賃を計算しますが、経路は自由です。渋谷は、2013年3月まで東横線の駅と田園都市線の駅が別々でしたが、東横線と東京メトロ副都心線の相互直通運転が始まり、両駅が改札口内でつながったため、渋谷・二子玉川・自由が丘を結ぶ区間が新たに加わりました。

一畑電車のお知らせ。

> きっぷのルール応用編①

136円でどこまで乗れる？
東京近郊区間大回り最長ルートは？

　2-04で紹介した「大都市近郊区間では、運賃は最短距離で計算、途中の経路は自由」というルールを駆使し、現在、東京近郊区間内でいちばん安い運賃となる136円（電車特定区間のICカード乗車券利用）で、どれだけ長い〝ひと筆書きルート〟ができるか。多くのファンが挑戦し、ネット上で公開しています。

　最長ルートは以下の通り。常磐線の普通列車に乗れば2.9km・4分ほどの距離を、1035.4kmも大回りします。しかし、北小金を始発で出発しても、房総半島をめぐっているあたりで終電となり、1日で制覇するのは不可能。可能性があるとすれば、大晦日から元旦にかけての終夜運行の時だけとなります。

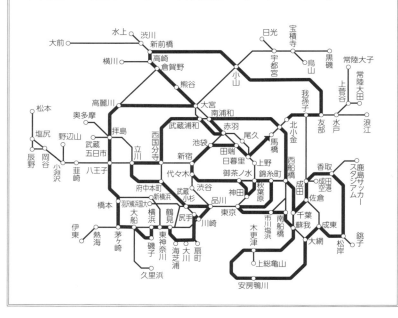

第3章
きっぷのルール
「指定券編」

特急券などの指定券は
長距離旅行に必要なきっぷ。
繁忙期・閑散期や乗継割引など、
乗車券とはまた違ったきまりがあります。

3-01 《第3章 きっぷのルール「指定券編」》

料金計算の基本
──── 特急券のルール①

乗車区間の「営業キロ」に応じて料金が変わる

江戸時代には早駕籠といって、早く目的地へ着くためには割増料金を払わねばなりませんでした。現在のJRの特急、急行も同じ。追加料金が必要となっています。

特急券、急行券の値段は特急料金、急行料金といいます。特急、急行（以下、特に急行に言及する必要がなければ、特急券、特急料金、特急とします）に乗車する距離に応じて変わってきます。料金の区分は、基本的に50km、または100km刻みです。

料金を計算する際には「営業キロ」を使用します。運賃と同じく、JRの他の会社にまたがっても営業キロは通算。**地方交通線を走る特急も存在しますが、換算キロ、擬制キロは料金の計算には関係がありません。**

例えば、東海道本線（幹線）と高山本線（地方交通線）をまたがって走る特急「（ワイドビュー）ひだ」で、名古屋から飛騨金山まで行く場合。運賃は、名古屋〜岐阜間の営業キロ30.3km＋岐阜〜飛騨金山間の換算キロ73.4km＝103.7kmに応じた1980円です。しかし特急料金は30.3km＋岐阜〜飛騨金山間の営業キロ66.7km＝97.0kmに応じた、51〜100kmの1730円となります。101〜150kmの2390円ではありません。

新幹線の特急料金は各停車駅相互間の料金がすべて表示された「三角表」で公開されています。特急料金を知りたい時は、営業キロを計算せずとも、この表を見ればわかります。しかし、基本的な仕組みには変わりがなく、乗車区間が長くなれば、それに応じて料

金も上がります。

　特急券は、特例がある区間、列車（3-06参照）を除いて、**1本の列車に対して1枚が必要で、指定された区間、列車、座席にのみ有効です**。これはグリーン券や寝台券など他の指定券でも同じです。1枚の特急券で2本以上の特急に乗車できるケースでも、「改札口を出ないで乗り継ぐ場合」と条件がつきます。**特急券には途中下車という考え方はない**のです。

　2-05で紹介した特定区間では、運賃と同じく特急料金も営業キロが短い方で計算します。例えば東北本線の日暮里～赤羽間では、特急「スワローあかぎ」「あかぎ」「草津」などが尾久駅を経由するルートで運転されていますが、もちろん特急料金は、王子経由で計算されます。

　なお、列車を指定しない自由席特急券（3-03参照）であっても、特急が1本も停車しない駅を発着駅とする特急券は発券できません。2-05で紹介した「区間外乗車」の例では、山科に停車する特急は1本もありません（だから区間外乗車が認められる）ので、山科～京都間の運賃は必要なくとも、特急券は金沢から京都まで必要です。しかし「ソニック」の場合は、小倉で乗降しない限り、小倉～西小倉の営業キロは特急料金を計算する際には、算入しなくてもよいのです。

3-02 《第3章 きっぷのルール「指定券編」》

会社や季節によって違う特急料金
———特急券のルール②

A特急料金とB特急料金があり、
さらにJR各社により料金が違う

特急料金もかつては全国一律でしたが、現在は在来線、新幹線とも数種類あります。

まず在来線の特急料金には、**A特急料金**と**B特急料金**があります。1980年代に急行の特急格上げが進められた際、九州や常磐線などでは急行が一気になくなったため、それに対する措置として、割安な特急料金が「B特急料金」として設定されたのが始まりです。現在では常磐線をはじめとする関東圏一円や、紀勢本線、北近畿方面などの関西圏、九州内の全線などでB特急料金が適用されます。

このA特急料金(従来からの特急料金)、B特急料金も、会社によって差があります。まずA特急料金はB特急料金区間以外、およびA特急料金区間とB特急料金区間をまたがって利用する場合、

「サフィール踊り子」「成田エクスプレス」を利用する場合に適用されますが、JR北海道内だけを利用する場合には、やや割安な値段になっています。

B特急料金も、JR東日本で適用される値段、JR西日本で適用される値段、JR九州で適用される値段と3種類あります。どれぐらいの違いがあるのかといえば、営業キロ100kmの区間で通常期に指定席を利用した場合、A特急料金だと1730円、JR北海道のA特急料金は1680円、JR東日本・JR九州のB特急料金は1480円、JR西日本のB特急料金は1520円です。それぞれ地域の事情に合わせて設定された値段ですが、少々複雑です。

新幹線の特急料金はJR東日本・JR北海道・JR西日本(北陸

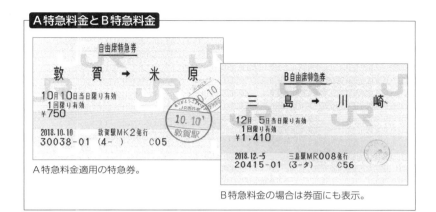

A特急料金とB特急料金

A特急料金適用の特急券。

B特急料金の場合は券面にも表示。

新幹線）とJR東海・JR西日本（山陽新幹線）、JR九州によって違います。また、「のぞみ」「みずほ」「はやぶさ」を利用する場合は、他の列車と比べて割高な特急料金が適用されます。

東海道新幹線東京～京都間の駅と九州新幹線の各駅との間を利用する場合の特急料金は、博多までの特急料金の合算となります。例えば、東京～鹿児島中央間は、東京～博多間の特急料金9310円（「のぞみ」利用）と博多～鹿児島中央間の特急料金5030円の合計1万4340円です。山陽新幹線と九州新幹線を通して利用する際の特急料金も、博多までの料金の合算が基本ですが、割高にならないよう530円割り引かれています。

特急料金は利用する日によっても値段に差があります。「通常期」「繁忙期」「閑散期」と3段階あって、通常期を基本とし、年末年始や旧盆など、特急の利用が多い時期は繁忙期として200円増し。逆に梅雨時の6月の平日など、利用が少ない時期は閑散期として200円引きとなります。

ここでも会社によって、多少の違いがあります。JR東日本の一部の特急とJR北海道、JR九州は、かつて設定していた「通常期」「繁忙期」「閑散期」の区別を廃止しました。この各社の指定エリア内のみで在来線特急を利用する場合は、通年、同じ額の特急料金が適用されます。わかりやすい料金体系を目指したようです。

3-**03** 《第3章 きっぷのルール「指定券編」》

指定席と自由席
──── 特急券のルール③

特急料金は指定席が基本。
自由席には自由席特急券

今でこそ「特急」と略されますが、かつては格調高く「特別急行」と呼ばれていただけに、自由席はなく、座席はすべて指定席でした。それが現在にまで引き継がれており、**単に「特急券」「特急料金」といえば、指定席であることが前提**。自由席であることが前提であった、一般の急行列車とは対照的でした。

昭和40年代頃から特急も大衆化し、特別な列車から、誰でも気軽に利用できる長距離列車に変貌しました。その過程で、新幹線や在来線特急にも座席を指定しない自由席が設定され、単なる特急券に対して**「自由席特急券」**が発売されるようになったのです（3-02のきっぷの写真参照）。

当時の長距離列車は利用者が多かったので、場合によっては指定席が満席でも乗せることができるよう、座席を指定しない車両を設けたのではないか…とも勘ぐられそうですが、実際のところ、その推測は当たっているでしょう。初めて自由席を設けた特急列車は東海道新幹線の「こだま」。1964（昭和39）年の年末年始に、特急券発券の手間を省くために導入されました。特急料金は100円引きで、当初は乗車できる列車が指定されていましたが、翌1965年にどの列車でも乗れるように変更されています。

1972年に在来線に導入された**「エル特急」**は「数自慢、カッキリ発車、自由席」をキャッチコピーとして登場。一気に自由席が普及し、その後、全車指定席の特急の方が珍しくなっていきます。

自由席特急券の基本的な制度は

90

指定席と自由席の表示

東海道・山陽新幹線のN700系「のぞみ」の指定席表示。最近では、こうしたフルカラー式LEDによる案内も一般的になっている。

同じく、N700系「のぞみ」の自由席の表示。列車の愛称、号数、あるいは行き先の案内表示と一体になっているのが、現在の主流だ。

今も変わっておらず、自由席特急料金は通常の特急料金から530円安くなっています。有効期間内（1日間）なら、どの列車を利用しても構いません。1枚の自由席特急券は1本の列車にのみ有効であるのは、特急券の原則通りです。

自由席特急券と少し似ている制度に**「立席特急券」**があります。これは全車指定席の特急、例えば東北・秋田新幹線の「はやぶさ」「はやて」「こまち」が全車満席となった場合、枚数を限って座席がないことを承知の上（立って乗ることが前提）で、立席特急券を発売することがあるのです。値段は自由席特急券と同じですが、乗車できる列車は指定されます。

また、「ひたち」「スワローあかぎ」などJR東日本の在来線の全車指定席特急列車には**「座席未指定券」**も発売されます。これは空席を自由に利用できる特急券ですが、値段は通常の特急券と同じです。料金面におけるメリットはありません。

グランクラスを含むグリーン車、寝台車を利用する場合の特急料金も通常の特急料金から530円を引いた額ですが、自由席特急料金を適用しているわけではありません。この場合の特急券はグリーン券、寝台券と1枚にまとめて発券されます。

なお、乗車券、特急券は有効期間中に乗車すれば、日付が変わってもそのまま着駅まで使えます。これを**「継続乗車」**といいます。

3-**04** 《第3章 きっぷのルール「指定券編」》

乗継割引
────特急券のルール④

新幹線と在来線、
本州と四国の列車を乗り継ぐと割引

新幹線が開業する前は在来線の特急1本で直通できたのが、新幹線開業後は新幹線＋在来線特急の乗り継ぎに変わったという区間はかなりあります。所要時間は大幅な短縮になっても、列車乗り換えの手間はかかるようになりました。さらに、1本の特急につき特急券1枚が必要との原則により、特急料金も従来より割高になってしまいます。

そこで、ある意味「救済措置」として特急、急行料金の「**乗継割引**」が導入されました。新幹線とJRの在来線特急との間のみならず、昔は海で隔てて線路が途切れていた、本州と四国の列車の間でも、乗継割引が適用されるケースがあります。

乗継割引の基本は、新幹線と在来線特急を、新幹線の乗車当日のうちに同じ駅で乗り継ぐ場合、在来線の列車の特急料金が半額（10円未満の端数は切り捨て）になるというもの。在来線特急～新幹線～在来線特急と乗り継ぐ場合は、在来線の特急料金のうち、高い方が半額になります。

かつては、新幹線接続駅への到着が乗車日の翌日になる夜行列車が多数、運転されていたことから、今でも在来線から新幹線へ乗り継ぐ場合は、新幹線乗車日が翌日でも在来線特急が割引になります。乗車券が途中下車できるものならば、接続駅付近で1泊してから乗り継いでも構いません。

また、乗り継ぎ時間には制限はありませんから、すぐの接続となる列車に乗り継がなくても割引は適用されます。新幹線で接続駅に着いて、観光をしてから、在来線

特急に乗り継いでもよいのです。

　乗り継ぐ方向も問われず、新幹線と在来線列車の乗車区間が重なっていても構いません。例えば、東京から東海道・山陽新幹線で岡山へ行き、特急「スーパーいなば」に乗り継いで鳥取へ行く場合。新幹線と在来線は同じ路線と見なす（2-06参照）原則にのっとれば岡山～上郡間は引き返す形になり、乗車券も東京都区内から岡山ゆきと岡山から鳥取ゆきの2枚を購入しなければならないのですが、「スーパーいなば」の特急券は半額になります。ただ、この特急は途中、JR線だけではなく第三セクターの智頭急行も経由します。岡山～鳥取間の特急料金は2260円ですが、これはJR線内の特急料金1730円＋智頭急行内の特急料金530円の合算。乗継割引が適用されるのはJR線内分だけですので、割引後の特急料金は1730円÷2＋530円＝1390円です。

　乗継割引は自由席特急券に対しても適用されますし、繁忙期や閑散期でも、適用される区間の特急料金が半額になります。寝台券や個室を除くグリーン券に適用される特急料金も半額になります。た

だ、寝台料金、グリーン料金そのものは割引にはなりません。

　重要なポイントは、**乗り継ぐ列車の特急券、急行券を、旅行開始前に同時に購入した場合にのみ、乗継割引が適用される**ということ。新幹線に乗った後で気が変わり、車内で車掌から下車駅から先の特急券を購入したとしても、規則上、乗継割引は適用されません。

　ただし、乗り継ぐ2本の列車の片方の指定席が満席だった場合。もう片方の特急券のみを無割引で購入して、「**乗継請求**」という表示をしてもらい、後でキャンセルなどが出て指定席が確保できた時には、乗継割引の扱いに直してもらうこともできます。最初に購入できた券が新幹線など、どちらにしろ無割引のものであった場合は、追って割り引かれる方の特急券を半額で発売。本来、半額となる方の特急券であった場合は、いったん無手数料で払い戻してから、改めて乗継割引を適用した2枚の特急券を発売します。

　以前は乗継割引が適用される新幹線と在来線の接続駅に制限はほぼありませんでしたが、現在、適用される駅は、東海道・山陽新幹

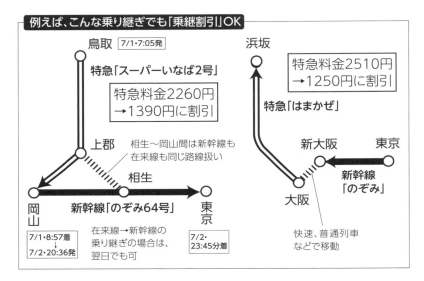

線の新横浜〜新下関間の各駅、東北・北海道新幹線の新青森、北海道新幹線の新函館北斗、上越新幹線の長岡、新潟、北陸新幹線の長野、上越妙高（直江津以遠との区間に限る）、金沢となりました。九州新幹線には適用されません。一方、新幹線新大阪駅と大阪駅、岡山駅と高松駅・坂出駅の間では、途中を快速列車などでつないで新幹線と在来線特急を乗り継いでも、乗継割引が適用されます。

　新幹線が関係しない、四国関連の乗継割引としては、寝台特急「サンライズ瀬戸」と四国島内の特急を坂出か高松で乗り継ぐ場合があります。いずれも上り下りにかかわらず、後者の特急料金が半額に割り引かれます。

　四国関連の割引は、最初の列車の乗車日のみならず、翌日に乗り継ぐ場合でも適用されます。

乗継割引が適用された特急券の例。新潟で新幹線と乗り継いでいる

3-**05** 《第3章 きっぷのルール「指定券編」》

新幹線特急券の特例
――――特急券のルール⑤

新幹線は列車の乗り継ぎが可能だが
ミニ新幹線の計算方法は特殊

乗車券にはさまざまな特例があるように、特急券にも特例が存在します。よく知られているところとしては、1本の特急につき特急券1枚が必要という原則から外れ、**新幹線では改札口を出ない限り、同じ方向の複数の列車を1枚の特急券で乗り継ぐことができます。**特急料金も乗車駅から下車駅までの通算で計算します。

ただし東京駅と、大宮駅での東北新幹線上り列車対上越・北陸新幹線下り列車および逆方向の乗り継ぎ、高崎駅での上越新幹線上り列車対北陸新幹線下り列車および逆方向の乗り継ぎには適用されません。

例えば、新富士から「こだま」に乗り、静岡で「ひかり」に乗り換えて新大阪まで行く場合の特急料金は、新富士から新大阪まで通

しでよく、5150円となります。新富士から新大阪まで1本の「こだま」を乗り通しても同額です。

全区間自由席利用なら、新富士〜新大阪間の自由席特急券（4620円）を買えば、後戻りしない限り、自由に列車を乗り継いで構いません。ただし一部区間でも指定席を利用する場合は、全区間に対する指定席の特急料金が必要になります。例えば新富士〜静岡間はたった1駅なので自由席でよいが、静岡〜新大阪は指定席を取りたいといった場合、特急料金は5150円です。

特急料金の額が異なる「のぞみ」「みずほ」または「はやぶさ」「こまち」と、「ひかり」「さくら」「こだま」「つばめ」または「はやて」「やまびこ」「なすの」を乗り継ぐ場合は、計算が複雑になるの

で注意が必要です。仮に「のぞみ」などをグループ「α」、「ひかり」などをグループ「β」として説明してみましょう。

まず東海道・山陽新幹線内あるいは山陽新幹線＋九州新幹線内、または東北・北海道新幹線内でαとβを乗り継ぐ場合は、乗車全区間のβの特急料金に、αの乗車区間におけるαとβの特急料金の差額を加えます。例えば、新大阪〜博多間を「のぞみ」、博多〜鹿児島中央間を「さくら」に乗る場合は、新大阪〜鹿児島中央間のβの特急料金9990円に新大阪〜博多間のα−β＝320円を加えた1万310円です。「さくら」で指定席を利用しても自由席を利用しても特急料金は同額です。

αの自由席＋βの指定席乗り継ぎの場合は、乗車全区間に対するβの指定席の特急料金。αの自由席＋βの自由席の場合は、αもβも自由席特急料金は同額ですので、乗車区間の自由席特急料金でOKです。九州新幹線内でもαとβの特急料金は同じなので、差額の計算は必要ありません。

全区間で「新幹線」と名前がついていても、山形新幹線と秋田新幹線は新幹線と在来線を直通する列車という位置づけ。東北新幹線内と在来線区間内は、それぞれ他の列車と同じ扱いです。東京〜福島間では「つばさ」と「やまびこ」などの特急料金は同額。東京〜盛岡間では「こまち」と「はやぶさ」の特急料金は同じです。在来線を走る福島〜新庄間、盛岡〜秋田間の停車駅相互間のみを乗車する場合は、在来線のＡ特急料金が適用されます。

ちょっと複雑なのが、**新幹線と在来線を通して乗る場合**です。その際の特急料金も三角表で示されてはいますが、実は**新幹線内の特急料金＋在来線内の特急料金×0.7**（ここでは他のケースとは違い10円未満の端数切り上げ）になっています。列車は直通しているのですが、料金計算においては、乗継割引の特殊な例です。

例えば、東京〜新庄間で見てみると、東京〜福島間の新幹線特急料金は4270円、福島〜新庄間のＡ特急料金は101〜150kmの2390円ですから、4270円＋2390円×0.7＝5943円。端数を切り上げると5950円で、三角表と一致します。

また、山形新幹線のみの特例ですが、山形駅では改札口を出ない限り1枚の特急券で後続の「つばさ」に乗り継ぎができ、特急料金も通算できるという、新幹線内と同じ扱いがあります。私もかみのやま温泉から新庄へ行く時、直近の新庄行きの「つばさ」がかみのやま温泉通過だったので、1本前の山形行きに乗って、乗り継いだことがあります。

　新幹線の特急券の特例としては、「隣りの駅（次の停車駅ではない）」までの特急料金が割安に押さえられていることもあります。列車や区間を限って適用する「特定特急料金」の一つで、新幹線の場合、自由席利用に限定されますが870〜1000円と、所定額より安くなっています。小倉〜博多間などは利用が多く、この1駅間だけ運転する「こだま」があるほどです。また、東京〜新横浜間のように、かつては隣り同士の駅だったがその後、中間に新しい駅ができた区間でも、この特定特急料金が維持されています。

　特定特急料金は東北・北海道新幹線盛岡〜新函館北斗間、秋田新幹線盛岡〜秋田間にも設定があり

ます。これは性格が異なり、全車指定席の「はやぶさ」「はやて」「こまち」しか走っていないので自由席の代わりに設定されたもの。自由席特急券と同額で、空席があれば座って構いません。

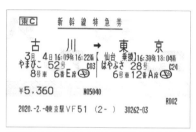

「やまびこ」と「はやぶさ」を乗り継ぐ場合の特急券の例。特急料金は「やまびこ」を乗り通す場合＋仙台〜東京間における「はやぶさ」との差額320円です。

在来線区間へ直通する山形新幹線「つばさ」。いわゆる「ミニ新幹線」の特急料金計算は、特殊な例となっています。

■新幹線特急券の特例／3-05

3-06 《第3章 きっぷのルール「指定券編」》

在来線特急券の特例
———特急券のルール⑥

「通過連絡運輸」や1枚の特急券で
特急の乗り継ぎが可能

2-07で紹介した「連絡運輸」は、特急券にも適用される例があります。例えば、JRと私鉄、第三セクターを直通運転する特急「踊り子」や「ふじさん」「日光」「はしだて」「あしずり」などでは、各停車駅の相互間で特急券が1枚にまとめられて発券されます。特急料金は接続駅までの合算とするのが基本です。「踊り子」の指定席を東京〜伊豆急下田で利用する場合は、東京〜伊東間のB特急料金1890円に、伊豆急行線内の特急料金520円を加えた2410円となります。

第三セクター鉄道をはさんで、通過連絡運輸の制度が適用される区間もあります。「(ワイドビュー)南紀」が通る伊勢鉄道、「スーパーはくと」「スーパーいなば」が通る智頭急行が該当します。い

ずれも本来、国鉄線として建設が進んでいた路線を、地元で引き受けた会社です。

これらの列車では、前後のJRの区間の営業キロを通算して特急料金を算出し、それに第三セクター鉄道内の特急料金を加算します。特急「(ワイドビュー)南紀」の名古屋〜紀伊勝浦間の特急料金は、名古屋〜河原田間44.1km＋津〜紀伊勝浦間179.6km＝223.7kmに応じるA特急料金2950円に、伊勢鉄道(河原田〜津間)内の特急料金320円を加えた3270円となります。

購入する場所やタイミングなどにより、値段が変わってくるという、珍しいタイプの特急料金も近年、JR東日本で設定されました。高崎線の全車指定席特急「スワローあかぎ」が運転を開始した際に

98

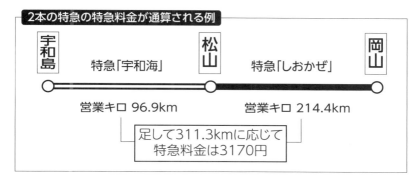

導入されたもので、「事前料金」と「車内料金」に分かれています。

事前料金は名称の通り、列車に乗車する前に「みどりの窓口」などで特急券を購入した場合に適用される値段です。車内料金は、特急券を購入せずに列車に乗り込み、車内で車掌から特急券を買った場合に適用される値段。事前料金より260円割高になっています。車内での車掌による特急券の発売は大変手間や人手がかかることなので、できうる限り乗車前に特急券を購入してもらおうという主旨から、値段に差がつけられたものです。この制度は後に常磐線の「ひたち」「ときわ」や中央東線の特急にも広がりました。

一方、新幹線と同様、**改札口を出ないで2本の特急列車を乗り継ぐ場合、特急料金を通算できる区間もあります**（指定された駅での乗り継ぎに限ります）。従来は直通する特急が多かったのが分断されたため、または特急料金を通算可能として、一種の割引サービスとするために導入されている特例です。例としては、岡山〜宇和島間で特急を利用する場合の、松山における特急「しおかぜ」と「宇和海」の乗り継ぎや、京都〜城崎温泉間で特急を利用する場合の、福知山における特急「はしだて」と「こうのとり」の乗り継ぎ、博多〜宮崎空港間で特急を利用する場合の、大分における特急「ソニック」と「にちりん」の乗り継ぎなどがあります。

この他、新幹線の隣りの駅間と同じく「**特定特急料金**」が適用される区間があります。設定の背景はさまざまですが、割安な特急料

■乗り継いでも1本の列車と見なす区間（新幹線以外）

乗り通す区間	乗り継ぎ駅	備考
札幌・稚内間	旭川駅	
札幌・網走間		
福島・新庄間	山形駅	
大阪・和倉温泉間	金沢駅	
京都・城崎温泉間	福知山駅	京都・福知山間の特別急行列車の停車駅と新大阪・福知山間の特別急行列車の停車駅相互間を利用する場合を除く
新大阪・城崎温泉間		
岡山・宇和島間	宇多津駅、丸亀駅、多度津駅または松山駅	岡山・宇和島間の特別急行列車の停車駅と高松・宇和島間の特別急行列車の停車駅相互間を利用する場合を除く
高松・宇和島間		
岡山・窪川間	宇多津駅、丸亀駅、多度津駅または高知駅	「四国まんなか千年ものがたり」を除く
高松・窪川間		
岡山・牟岐間	徳島駅	
徳島・高知間	阿波池田駅	
博多・宮崎空港間	大分駅	久大本線または豊肥本線を経由して運転する特別急行列車に乗車する場合を除く

金を適用して、利用促進を図ろうという主旨は共通しています。

これの例としては、「日光」などJR東日本〜東武鉄道直通特急を新宿発着で東武線内までまたがって利用する場合、JR線内の特急料金を一律1050円としていることなどがあります。また、JR四国では自由席特急料金を25kmまでは330円、50kmまでは530円に特定しています。

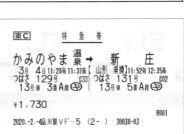

山形で乗り継ぐ特急券の例。他に近畿地区やJR四国の特急は、乗り継いでも特急料金を通し計算できるものが多い。特急券も1枚にまとめて発売。

3-07 《第3章 きっぷのルール「指定券編」》

グリーン料金などは「設備使用料金」
——— グリーン券などのルール①

特別な設備を使うために、加算される料金

1960（昭和35）年7月1日に改正されるまで、国鉄の旅客制度は1等車、2等車、3等車の3等級制となっていました。1等車は戦前、華族・士族や平民といった身分制度があった時代の名残で、もっぱら「上流階級」が利用するものという意識がありましたが、この改正で廃止。元2等車が1等車、3等車が2等車となりました。

さらに1969（昭和44）年5月10日には等級制度そのものが廃止。1等車がグリーン車、A寝台車、2等車が普通車、B寝台車に改められています。どこが違うのかといえば、まず運賃や、特急・急行料金、寝台料金などが1等、2等に分かれていたのが、この時に一本化されました。そして、グリーン車や寝台車は、「列車内における特別な設備」と見なされ、その

グレードに応じた追加料金を別に支払えば利用できるようになったのです。

それまでは特急の1等車に乗ろうと思えば、1等運賃＋1等特急料金が必要でした。1等運賃・料金は2等の倍額が基本で通行税（1989年に廃止）もかけられていました。それが運賃＋特急料金＋グリーン料金の組み合わせになり、全体的にかなり安くなりました。

こうした経緯などもあるがゆえ、グリーン料金（正式には特別車両料金）や寝台料金、コンパートメント料金は、今でも「設備使用料金」という考え方でくくられます。特別な料金を徴収するのにふさわしいよう、一般的には、グリーン車や寝台車などは、同等の列車に連結されている普通車より、すぐれた設備になっています。

101

■グリーン料金などは「設備使用料金」／3-07■

グリーン車と普通車の違い

JR東海キハ85系のグリーン車(左)と普通車(右)

　例えば、特急のグリーン車は座席の間隔や幅、シートの背ずりの高さやリクライニングの角度などが、普通車より大きく取られています。寝台車は「横になって休める」「シーツや枕、毛布なども用意されている」といった点が、普通車と比べて、大きなメリットであると見なされているのです。

　座席指定料金は、自由席が主体である普通、快速、急行で、座席が保証された「指定席」を利用できる点がメリットです。こうした列車の指定席は、高めの料金を取る分、自由席よりグレードが高められている場合もあれば、そうではなく、座席自体は自由席と変わらない場合もあります。

　前者の例は瀬戸大橋線の快速「マリンライナー」。高松側先頭車は2階建て車両で、1階が普通車指定席となっています。自由席が転換式クロスシートなのに対し、指定席はリクライニングシートになっており、座席指定料金が設備使用料金としての性格も持っているのです。

　一方、名古屋〜鳥羽間を走る「みえ」は快速列車ですが、新幹線との乗り継ぎ客や観光客に配慮して、指定席車が設けられています。しかし、座席そのものは自由席車と同じ転換式クロスシートです。これは後者の例で、座席指定料金は「みどりの窓口」などで座席を確保する手間に対する、「手数料」としての性格と考える方が自然でしょう。

3-08 《第3章 きっぷのルール「指定券編」》

料金計算の基本
——グリーン券などのルール②

グリーン料金は距離に応じる
その他は一律の料金

設備を使うという意味では、乗車する距離が1kmでも1000kmでも変わりがないといえばいえそうなのですが、グリーン料金だけは旧1等車の名残りでしょうか、特急料金と同じく、乗車する距離に応じて値段が変わります。これも特急料金と同じく、乗車区間の「営業キロ」で計算し、「100kmまで」という短区間の料金が設定されている他は、200km刻みで上がっていきます。

　JR九州内のみでグリーン車を利用する場合を除き、新幹線であっても在来線の特急であっても、グリーン料金は同じです。列車のスピードは関係ないのです。

　JR東日本は新幹線と在来線が同額という点では、他社と同じなのですが、グリーン料金自体が他社より安くなっています。ただ、

「はやぶさ」などに連結されている「グランクラス」や、「サフィール踊り子」の「プレミアムグリーン車」の料金は、グリーン料金とは別の設定です。

　JR九州では101km以上乗車する場合、九州新幹線のグリーン料金の方が在来線より高くなっています。在来線特急の一部には「DXグリーン車」が設定されており、一般のグリーン料金より高い額が設定されています。

　普通列車のグリーン料金も同じく距離に応じて値段が変わっていきますが、特急・急行より安くなっています。一部の快速列車などで指定席グリーン車が設定されている例がありますが、そのケースでもグリーン料金は自由席と同額。座席指定料金は不要です。

　ただ、首都圏の普通・快速列車

103

■料金計算の基本／3-08■

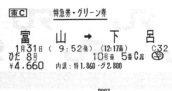

グリーン券の例。

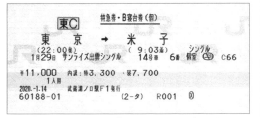

寝台券（個室B寝台「シングル」）の例。シングルは「ソロ」より広めで、割高な寝台料金になっています。

のグリーン料金は独特な体系になっています。距離による変化は50kmを境とした2段階だけですが、平日と土休日（年末年始を含む）で値段が変わります。また、列車乗車前にグリーン券を購入するのと、乗車後に乗務員（グリーンアテンダント）から購入するのとでは、後者の方が高くなっています。事前の購入をできるだけ促すための制度です。「モバイルSuica」を利用すれば並ばずに、どこででも購入できて便利です。

なお、グリーン券は原則、1本の列車に対して1枚が必要で、グリーン車を乗り継ぐ場合は、それぞれの列車に対してグリーン券を購入しなければなりません。

グリーン料金以外の、寝台料金、乗車整理料金、ライナー料金は、乗車距離にかかわらず同額が原則です。寝台料金はまず、A寝台料金とB寝台料金と2種類に分けられ、さらに設備のグレードによって数種類に分けられます。

現在では寝台車は「サンライズ瀬戸・出雲」の個室寝台車だけになりました。2人用B個室「サンライズツイン」など2人以上で利用する個室寝台車の料金は、1室あたりで計算されます。例えば2人でサンライズツインを利用する場合、乗車区間に応じた運賃＋特急料金×2人分に、サンライズツインの寝台料金（1万5400円）を加えればOKです。

3-09 《第3章 きっぷのルール「指定券編」》

グリーン料金などの特例
──────グリーン券などのルール③

特急券の特例に準じるが、乗り得な「特例」も

　特急のグリーン車、寝台車を利用する場合、グリーン券、寝台券は、必ず特急券と同時に購入、発売することになり、きっぷも「特急券・グリーン券」のようにひとまとめにされます。これを「関連発売」といいます。急行の指定席券も、乗車前に購入する場合は同様です。

　このため、グリーン料金の特例は、特急券の特例に準じます。改札口を出ないなど、一定の条件下で新幹線を乗り継ぐ場合、特急料金は通しで計算できます（3-05参照）が、グリーン料金も同様で、2本以上の列車を乗り継いでも通しで計算できます。

　これはグランクラスでも同様です。グリーン車とグランクラスを乗り継ぐ場合は、全利用区間のグリーン料金に、グランクラス利用区間におけるグランクラス料金とグリーン料金の差額を加えます。

　また、一部の在来線区間における、指定された駅で2本の特急を乗り継ぐ場合の特急料金通算の特例（3-06参照）も、グリーン料金に対して同様に適用されます。

　首都圏の普通・快速列車のグリーン車も、改札口を出ない限り1枚のグリーン券で2本以上の列車を乗り継ぐことができます。例えば、千葉から総武快速・横須賀線で戸塚まで行き、熱海行きに乗り継ぐようなケースです。ただし、乗り継ぐ方向には制限があり、同じ路線を後戻りしてはいけないのはもちろん、おおむね路線の分岐駅において、ある路線の上り列車から接続路線の下り列車（またはその逆）には乗り継げません。

　例えば、熊谷から高崎線上り上

105

■グリーン料金などの特例／3-09■

途中の勝浦駅で普通から特急に種別が変わっていた「わかしお10号」。

東北新幹線のグランクラス。グリーン料金とは別の料金設定になっています。

野行きで大宮まで行き、東北本線下り宇都宮行きに乗り継ぐようなケースです。この場合、グリーン券は、それぞれの列車に対して、計2枚が必要となります。ただし、例外的に大船駅で東海道本線小田原方面と横須賀線久里浜方面を乗り継ぐ場合は、1枚のグリーン券で乗れます。

現在では例がなくなってしまったケースですが、途中から普通列車に種別が変わる特急・急行のグリーン車に乗る場合、特急・急行区間のグリーン料金を支払えば、普通区間のグリーン料金は不要という特例があります。以前の安房鴨川発東京行きの特急「わかしお10号」はグリーン車を連結しており、勝浦までは普通列車でしたが、勝浦〜東京間の特急・グリーン券を買えば、そのまま安房鴨川からグリーン車を使えました。

また、グリーン車を連結した特急・急行用の編成を、朝夕のラッシュ時に不足しがちな車両を補うため、そのまま通勤列車に使う例が、かつてはありました。その際、グリーン車も普通車扱いとして、グリーン料金不要で利用できることもありました。これを「グリーン開放」などといい、完全な〝乗り得〟でした。首都圏でもありましたが、現在では「ライナー」の一部にある程度、（乗車整理券は必要）になっています。

3-❿ 《第3章 きっぷのルール「指定券編」》

乗車整理料金とホームライナー料金
―――グリーン券などのルール④

「座席の確保」を目的とした料金で、今は通勤ライナーに適用

昭和50年代前半ぐらいまで、旧盆や年末年始の帰省は文字通りの「ラッシュ」で、夜行急行の自由席に座るため、早朝から始発駅に長蛇の列ができている、などという場面がよく見られました。「年末の風物詩」などといわれたものです。国鉄も混乱を避けるため「**乗車整理券**」を発行して、購入者は優先的に改札を通り、乗車できるよう、取りはからいもしました。

その後、新幹線の延伸などで、そうした風景も昔語りになりましたが、「座席を確保する」という主旨で設けられた乗車整理券の制度は、思わぬ形で復活することになります。1984（昭和59）、国鉄は上野〜大宮間に「ホームライナー」の運転を開始しました。これは在来線特急「あさま」の、夕ラ

ッシュ時の回送列車を通勤客に開放し、「座って帰れる通勤列車」としたサービス。運転距離が短かく、乗車駅も限られるため、特急券ではなく300円（当時）の乗車整理券を買えば乗れるとしたのです。乗車整理券は、列車の座席の数しか発行しないことで、確実に座れるとPRされました。

こうした列車は俗に「**通勤ライナー**」などと呼ばれ、特急型の快適な車両に、安い料金で座って通勤できることから、首都圏を中心に各地方で定着しました。いずれも前例にならって、乗車整理料金を徴収することで着席を保証したのです。料金の額は各社さまざまですが、JR東日本の場合は330円と、旅客営業規則できちんと定められており、信越本線の「らくらくトレイン信越」などに適用され

乗車整理券・ライナー券の売場ときっぷ

JR東海多治見駅のホームライナー券売機

JR西日本新快速「Aシート」に対して発売されている乗車整理券。

ています。JR北海道の札幌～手稲間の「ホームライナー」の乗車整理料金などは100円で、手稲駅では、木戸銭のように駅員が机をホームに出して100円玉を集めていたりします。

　JR東日本では、もう一歩進めて「**ホームライナー料金**」についての規則も定めています。座席確保のためという内容は、値段の差を除けば乗車整理券と同じです。しかし、通勤客の間ではすっかり「ライナー」が定着しているため、国鉄時代からある規則の流用ではなく、きちんと「ライナー」としての規則を定めておこうとの主旨でしょう。

　そのため、東海道本線方面の「湘南ライナー」などに乗車する際に支払う必要があるのは、乗車整理料金ではなくホームライナー料金。現在は520円となっており、「湘南ライナー」などでは号車が指定されます。きっぷは「**ライナー券**」と呼ばれています。

　こうした乗車整理券やライナー券は、発売個所が始発駅などに限定されている例が多くあります。首都圏や札幌駅などでは自動券売機で発売されています。最近では特急へ格上げされるケースが増えていますが、旅先で「ライナー」に出会うこともありましょう。その時は、遠慮なく駅の窓口で尋ねてみてください。ローカルルールを知るのも楽しいものです。

3-⑪ 《第3章 きっぷのルール「指定券編」》

個室を使う時には
──グリーン券などのルール⑤

日本では珍しい「個室」を利用する時に必要な料金

ヨーロッパの列車ではかつて、6～8人が座れる小さな部屋をたくさん並べたタイプの座席車が一般的でした。この小部屋は「コンパートメント」と呼ばれます。日本では中央に通路があり、左右に座席が並ぶタイプの客車が標準となっており、国鉄時代にはヨーロッパのようなコンパートメントは、ほとんどありませんでした。寝台特急の個室A寝台車と、100系新幹線電車のグリーン個室ぐらいが稀な例です。

JRの時代となって設備の多様化やサービス改善の一環として、個室、コンパートメントも採り入れられるようになりました。その多くは、よりプライバシーの確保が求められる個室寝台車で、その場合の寝台料金も種類別に定められ、旅客営業規則で公開されてい

ます。日本の場合、個室寝台は個室単位での発売ですので、相部屋になることはありません。

寝台車以外の個室の例は、やはりさほど多くはありませんが、特殊な設備であることには変わりなく、かなり細かく料金が定められています。現在、個室付きの列車がいちばん多く走っているのはJR九州で、787系特急型電車が使われる「かもめ」「にちりん」などの一部に、4人用個室グリーン車があります。この料金は、距離に応じて1室あたりで設定されています。利用する人数分の運賃＋特急料金（所定より530円引き）プラス、例えば100kmまでなら2100円で利用できます。

これに対し、JR東日本線内相互発着の場合のグリーン個室料金は4人用8400円、6人用1万2600

個室があるJR九州787系（左）と
JR東日本E261系（右）

円と定められています。適用されるのは、特急「サフィール踊り子」で、伊豆急行まで通して乗車するなら、同社線内のグリーン個室料金4人用3120円、6人用4680円が加算されます。

JR東日本〜東武鉄道を直通する「スペーシアきぬがわ」で、JRと東武にまたがって乗車する場合、グリーン個室料金は6300円に特定されています。

2013年に運転を開始し、話題となったクルーズトレイン「ななつ星in九州」も、実は個室寝台料金が定められていて、旅客営業規則で公開されています。70万円とも100万円とも報じられていたのは、1泊2日なり3泊4日なりの「ツアー」全体の料金です。

その実情を紹介すると、2人用

の「スイート」は、1室当たり、10万4760円（200kmまで）〜11万1050円（601km以上）。3人用の「DXスイート」は、同じく12万5720円（200kmまで）〜13万2000円（601km以上）。「"部屋代"自体は、案外、安い」という見方もできるでしょう。ただ、これに食事や観光地をめぐるツアーバス、温泉旅館などの代金を積み上げていくと、かなりのお値段になるということです。

3-⑫　《第3章 きっぷのルール「指定券編」》

私鉄の特急券などの面白い制度

近鉄特急は1枚の特急券で「乗り継ぎ」が可能

私鉄にも、運賃の他に特急料金を必要とする列車を走らせている会社があります。大手では関西の近鉄、南海、中部の名鉄、関東の小田急、東武、西武、京成が挙げられます。こうした会社には、特急料金などに関する、JRとは少々異なる独特な制度がある場合もあります。

代表的な例が、幹線全体に特急列車網を広げている近鉄（近畿日本鉄道）でしょう。各拠点駅を直結する列車系統も充実しているのですが、さらに乗換駅で接続時間30分以内に発車する他の系統の特急に乗り継ぐ場合、特急券は1枚でOK。もちろん特急料金も通算されます。ただし、観光特急「しまかぜ」に複数回乗車する場合を除きます。

例えば、京都と賢島を直通する特急がありますが、この制度の存在を前提として、途中の大和八木で、大阪上本町から来る名古屋行き特急とお互いに乗り換えられるよう、ダイヤが組まれています。空席があれば、乗り換えに便利なように、双方の列車で乗車する号車ができるだけ近くなるよう座席も指定されます。

JRのグリーン車に相当するサービスを提供し、特急料金の他に特別料金を設定している会社もあります。例えば**近鉄**では「しまかぜ」に乗る際、特急券の他に「**しまかぜ特別車両券**」が必要になります。大阪～名古屋間の「アーバンライナー」で初めて登場した「デラックスカー」や、「グループ席」とよばれる個室、セミコンパートメントもあります。

他に南海の空港特急「ラピー

111

■私鉄の特急券などの面白い制度／3-12■

大和八木で接続する近鉄特急。乗り換えても特急料金は通算します。

ト」には「スーパーシート」、東武特急「スペーシア」には個室があり、別料金が必要です。

東武特急ならではの存在が、「午後割」「夜割」といった割引特急料金。特定の列車に限り、通常の特急料金より安くするというものです。日光、鬼怒川温泉と浅草を結ぶ「けごん」「きぬ」は、観光色が強く、平日の特急料金より土休日の特急料金の方がやや高めになっています。

また、小田急の特急では、JR東日本の首都圏のグリーン料金のように、特急券を持たずに乗車し車内で購入した場合、高い料金（＋310円）が適用されます。特急券の事前購入を促す制度ですが、新宿〜箱根湯本の全区間乗車しても、特急料金は1110円ですから、かなり割高な設定です。

一方、3-06などで紹介したように、JR線と直通する特急が運転されている会社では自社線内の特急料金、グリーン料金を設定し、JR線内の料金に加算しています。面白いのが東京メトロ。世界中を見回しても、特急料金が設定されている地下鉄はそうないでしょうが、小田急から「メトロはこね」などが千代田線に乗り入れてくるため、同社線内の特急料金210円が設定されており、小田急線内の特急料金に加算されます。

東京メトロ千代田線の駅にある小田急直通特急の特急券券売機。

Opinion 1 複雑なJRの運賃制度は変革できるか
運賃＋料金という制度は今後も維持される?

●列車本数の多さゆえの、複雑な制度?

　ここまでこの本を読んできて、「JRの旅客制度はすごく複雑だな」という感想を持たれた方もいらっしゃいましょう。確かに、乗車区間に応じて必要な「運賃」と、利用する列車や設備によって異なる「料金」の組み合わせであり、さらには会社や路線によって異なる運賃・料金や、さまざまな割引制度がそこに加わって、よりいっそう複雑にしているきらいがあります。

　鉄道と比べて、航空運賃やバス運賃はシンプルです。割引制度は多々あるものの、A地点からB地点への運賃は、この日のこの設備ならいくら、と定められているからです。

　ただ、JRの運賃制度は、1時間に最大12本もの「のぞみ」が走る東海道新幹線を筆頭に、飛行機やバスと比べものにならないほど多い運行本数や、需要に応じて設定されているさまざまな列車に対応するには適しているかもしれません。東京都区内から大阪市内まで乗車券を買えば、普通列車でのんびり旅をするのも、全区間新幹線に乗るのも自由で、途中で飽きたら特急券を追加して新幹線に「逃げて」もいいのです。

●「包括運賃」とは?

　日本のJRに対して、同じく鉄道先進国とされる西ヨーロッパの鉄道でも、以前は乗車区間の運賃に、利用する列車によって指定席料金や寝台料金などを追加してゆく運賃・料金制度が主流でした。日本では廃止されてグリーン車、普通車の区別になったのに対し、1等、2等の区別が維持されている点が、違いといえば違いでした。等級制では乗車区間は同じでも1等と2等では運賃が異なります。

　ただ、TGVやICEといった高速鉄道網の広がり、または鉄道事業へ

①オスロ～ストックホルムの運賃例

の参入が自由化されるにつれ、「包括運賃制度」と呼ばれるしくみが次第に広がっていきました。これは、区間ごとの運賃＋料金ではなく、1本1本の列車ごとに、A駅からB駅へ、この列車ならいくらと運賃を設定する方式です。飛行機やバスの運賃制度に似ています。

　例えるなら、東京から新大阪まで一番列車の「のぞみ1号」なら2万円だけれど、東京を正午に出る「のぞみ227号」は1万円。「こだま」で行くのなら8000円にするといった方式です。運転本数が日本と比べて少ないからできる制度ではありますが、混雑する列車や、年末年始など混雑する日は高め。反対に利用が少ない列車や日は安くし「バーゲン」も可能にするといったように、柔軟かつ思い切った運賃設定ができる利点があります。

　包括運賃は今や、ヨーロッパでは主流になっています。写真①は北欧、ノルウェーの首都・オスロからスウェーデンの首都・ストックホルムへの、ある日の包括運賃の例です。利用する列車により、かなり運賃が違うことがわかると思います。右下の枠内、詳細をオープンにしている部分は、数少なくなってしまった両市間の直通急行列車（InterCity・②）の運賃案内ですが、1等、2等それぞれに「予約変更・払い戻し不可」「予約変更なら可」「払い戻しも可」と、3種類の運賃が設定されています。1スウェーデン・クローナ（SEK）は約12円で、2等の最安運賃は2820円と格安なのに対し、払い戻し可能運賃は6876円と約2.5倍にもなっています。

②オスロ発ストックホルム行き

●「日本流」包括運賃は導入済み

アジアでも、近年人気がある台湾の鉄道（台湾鉄路局）が、同じ区間であっても「自強号（特急に相当）」「莒光号（急行）」「区間車（普通）」と列車種別ごとに運賃を設定している例があります。「自強号」と「区間車」のように、列車を乗り継いで旅行する場合は、それぞれの乗車区間の運賃を加算します。日本で例えるなら、東京から会津若松まで行くために、東京〜郡山間の新幹線の運賃・料金と、郡山〜会津若松間の普通列車の運賃を、単純に足しただけの値段を払わなければならないといったところです。

こうした運賃・料金の支払い方法は、新幹線に限定して、つまりは他の列車には乗れない前提の運賃の形で、すでにこの本でも紹介済みです。「えきねっとトクだ値」「エクスプレス予約」（4-11）などで、これらは運賃と料金を合わせた額を基本として早期購入のよう

③台湾鉄路局では列車種別ごとに運賃が異なる

115

④広島〜東京間の新幹線に限定で早期購入割引が適用された例

な（写真④）各種割引がなされています。インターネット予約やチケットレスサービスが強調されがちではありますが、運賃制度からいえば、まさにこれらは「日本流」の包括運賃といえないでしょうか。現に閑散期には多くの列車で割引が行われ、繁忙期になるとほとんど姿を消します。利用の「波」を平均化できれば、鉄道会社にとっては有利だからです。

今のところ、これらは旅客営業規則の上で規定された制度ではなく、通達で処理されている「サービス」です。しかし、利用客数の面でも対象列車の面でも、さらに拡大されてゆく方向は間違いのないところでしょう。JR各社の協議の上で、どこかのタイミングで、正式な規則として採り入れられるかもしれません。それを機に、複雑になりすぎた旅客制度を整理し、包括運賃を一つの柱として、シンプルにすることも考えられます。

●包括運賃の弱みは「途中下車」

ただ、包括運賃にも欠点があります。乗車する列車ごとに支払う運賃だけに、途中下車の考え方がないのです。この本でも、途中下車制度（2-09）の活用法を紹介していますが、それが難しくなるかもしれません。もし、途中下車をすれば不利になるような運賃制度の改革が行われるとすれば、利用客の間から不満の声も起こるでしょう。

例えば、東京〜名古屋間の包括運賃と名古屋〜新大阪間の包括運賃の合計が、東京〜新大阪間の包括運賃とほぼ等しくなるような運賃改訂が行われるとすれば不満はないでしょうが、すべての区間において、そのような調整を必要とする「改革」は無理と思います。

それゆえ、旅客営業規則に包括運賃が盛り込まれはしても、それは一部に留まり、基本的には「サービス」として処理。現状の運賃＋料金の制度も並行して生き残るのではないかと考えます。

新幹線利用と同じ予算で、どこまで楽しめるか

青春18きっぷを使って旅をしよう！

旅に使用した青春18きっぷ

5日間、JRのすべての普通列車が乗り放題で1万2050円。確かに青春18きっぷを使えば安く旅ができる。しかし「どれほど安上がりになるか？」という点にばかり注目していないだろうか？「同じ予算で、よりいっそう楽しめるのではないか？」という点に着目した活用法には、とんとお目にかからない。ならばと2020年の正月、ちょっとした実験を試みた。

新幹線に乗れる予算で楽しむ

　私の生まれは大阪だ。年末年始は故郷で過ごすのが恒例になっている。往復はほぼ、東海道新幹線の「のぞみ」利用。新大阪〜東京間は運賃8910円、特急料金5810円（通常期・繁忙期は6010円）、合計1万4720円かかる。そしてコーヒーでも飲んでひと眠りし、見慣れた車窓をぼんやり眺めていれば、2時間30分ほどで旅は終わってしまう。

　それならば発想を逆転させ、1万4720円を「元手」にして、その予算内で、どこまで大阪から東京までの旅が楽しめるかにチャレンジすれば面白いと考えた。年始なら、青春18きっぷの冬の利用期間内だ。宿泊費を安く抑えれば1泊2日の旅も可能だろう。

　1月5日夜に名古屋で若い友人が出演する舞台があるので、名古屋泊まりは確定。トラベルサイト「楽天トラベル」（6-05）でJR名古屋駅周辺のホテルを検索してみ

ると、2019年2月にオープンした「アットインホテル名古屋駅」が日曜日限定で4378円という格安プランを出していたので即決した。青春18きっぷは2日分だから4820円。これらが基礎となる。

早くも近鉄急行に浮気？

実家に近い、おおさか東線JR淡路から朝ゆっくりスタート。いったん大阪駅に挨拶して、大和路快速に乗り継ぐ。久宝寺に直行すれば早いのはわかっているが、大阪から東京への旅だからきっちりしておいた。青春18きっぷは、こういう融通も利く。

最初の目的は、2019年に桜井線に投入された227系1000番代に乗ること。初詣客で混雑しており座れなかったが、気は済んだ。

次の目標は名松線に置いたが、その前に楽しみがある。松阪駅前にある「あら竹」は、取材でもプライベートでも、おなじみの駅弁屋だ。中学生の頃から、牛肉をふんだんに使った弁当に親しんでいる。お昼ご飯は、そこで買うと決めておいたのである。

旅の出発地はJR淡路

大阪駅の大阪環状線ホームから大和路線へ

桜井線の新型車両にまず乗車

近鉄の急行で松阪までワープ

桜井から松阪まで1160円を投資

青春18きっぷを使って旅をしよう！

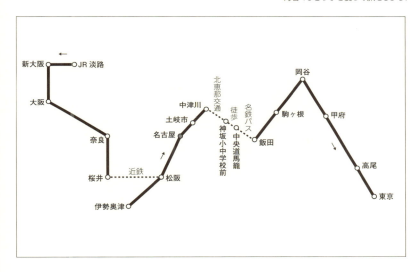

　そうなると、JR関西本線で亀山を経由していては、運転本数が少ない名松線の昼の列車にギリギリ間に合うものの、駅弁を店まで買いに行けない。そこで本末転倒ではあるが、桜井〜松阪間を近鉄の急行でつなぎ時間を捻出。ついでに桜井線の新型電車に乗るようにしたのだ。近鉄の運賃は1160円で、十分予算内に納まる。

牛肉の弁当を抱え名松線へ

　「あら竹」本店では、顔なじみの新竹浩子社長に出迎えられ、私にとってはお初の「モー太郎弁当」を1500円で購入。黒毛和牛のすき焼きがご飯の上にたっぷり乗っており、蓋を開けると「ふるさと」のメロディが流れる珍しい駅

松阪駅前にあるあら竹の本店

あら竹では時に社長みずから駅弁を列車まで届けてくれる

モー太郎弁当

弁だ。なお、飲食代は「新幹線に乗っても駅弁ぐらい食べるから」と考え、予算外にしておく。

名松線の発車までの持ち時間は30分ほどで、楽しく談笑しているうちにたちまちタイムアップ。社長自ら列車までお見送りに来ていただいた。なお「あら竹」では、JR、近鉄とも、乗車している列車の乗降口まで駅弁を配達してくれる。詳しくは、0598-21-4350まで問い合わせを。

名松線は、約6年半にわたった家城～伊勢奥津間の水害による不通から2016年に復旧して以降、乗る機会がなかったのでスケジュールに組み込んだ。私がこの線に乗車すること自体が約5年ぶりだが、「モー太郎弁当」に箸を使いつつ車窓を眺めていると、渓谷や谷間の集落の美しさに改めて気がつく。また「あら竹」で駅弁を買って、丹念に乗り降りしたいと思った。

伊勢鉄道の運賃は別払い

松阪に戻り、快速「みえ20号」に乗り継いで名古屋へ向かう。Uターンラッシュや初詣客で混雑するだろうと予測し、指定席があるから「えきねっと」(1-09)で座席指定券(1-03)を確保しておいた。案の定、自由席には立客が多く乗っており、1両だけの指定席も満席だった。

途中、津～河原田間は第三セクター鉄道の伊勢鉄道に乗り入れるから、青春18きっぷ利用でも別運賃（520円）が必要だ。これは予定通りなので、あらかじめ小銭

終点の伊勢奥津に着いた名松線の列車

別払いした伊勢鉄道分の乗車券

を手元に用意しておく。そして車内改札に回ってきた車掌に渡し、スムーズに精算が終わった。

　名古屋18時06分着。ホテルに荷物を置いて会場の名古屋城へ向かい、友人と旧交をあたためる。ふだんSNSを通じてコミュニケーションを取っていても、旅先での出会いは、また格別だ。これもまた青春18きっぷを使った旅ならではと思う。

　結局、1月5日の出費は、青春18きっぷ1日分に加えて、近鉄、伊勢鉄道、快速「みえ」の指定席料金だけ。まだ新しいホテルは快適で、ぐっすり眠れた。

旅行貯金2500局を達成

　翌1月6日月曜日は、世間では御用始め。朝の名古屋駅では、いつものラッシュが始まっていた。こちらは、もう1日だけ旅を楽しませてもらう。

　この日のメインターゲットは、

2日目は名古屋から出発

土岐駅前郵便局で旅行貯金2500局を達成

飯田線だ。風光明媚な車窓を愛でつつ、のんびり普通列車に揺られようという趣向だ。ふつうに考えれば起点の豊橋へ向かえばいいのだが、全線を乗り通すと約7時間もかかる。そこで目線を変えて、乗車区間は北半分に絞り、まだ未経験のルートを試すことにした。

　まず、中央西線の快速中津川行きで出発。2019年の年末に旅行貯金（6-13）が2499局に達していたので、新年初の郵便局の営業日でもあるし、どこかでキリのいい2500局訪問を達成しよう。下車駅を決めないまま快速に乗ったのだが、こうした気ままな旅ができるのも、青春18きっぷがあればこそだ。

　2500局目は、土岐市駅前の土岐駅前郵便局（なぜか「市」が入ってない）に捧げた。車内でスマートフォンを使って、日本郵便のサイトで郵便局の位置を検索し、

駅から近いところを選んだ。

バスで中央アルプス越え!?

土岐市から後続列車に乗り中津川で下車。飯田へ抜ける。ただ、中津川〜飯田間を直行する路線バスはない。そこで、インターネット上のバス時刻表や地図を駆使して、ここは旅の前にプランを組み立てておいた。

まず、10時45分発の馬籠行き

中津川から馬籠行きバスに乗る

神坂小中学校前で下車

近くの中央道馬籠バス停から飯田行きに乗り継ぐ

の北恵那交通バスに乗る。馬籠は有名な観光地だが、今回は立ち寄っている時間はない。

思っていたより急坂、急カーブが続く路線だったが順調に走り、あと少しで馬籠に着くところで、神坂（みさか）小中学校前にて570円払って下車する。そこから5分も歩くと中央自動車道の神坂PAと中央道馬籠バス停があり、名古屋と飯田を結ぶ高速バスが停まるのだ。神坂小中学校前に着いたのが11時06分。飯田行き名鉄バスの発車が11時19分で13分しかなくスリリングだったが、ゆっくり間に合った。

もちろん名古屋（名鉄バスセンター）から飯田行きに乗れば冷や冷やしなくて済むのだが、そこはやはり鉄道を楽しむ旅。それに名古屋〜飯田間は2600円かかるが、中央道馬籠からなら1000円だ。

飯田線を北上

飯田では次の列車まで1時間ほどあり、昼食の時間に充てていたが、ここでトラブル発生。とはいえ鉄道にではなく、編集者からLINEが入って、1本、私が校正を見るのを忘れていた事態が発覚

青春18きっぷで楽しむ旅

●今回の旅費

青春18きっぷ	2日分	¥4820 (241)円×2日)
近鉄	桜井→松阪	¥1160
快速みえ20号	指定席券	¥530
伊勢鉄道	津→河原田	¥520
宿泊費	アットインホテル名古屋駅	¥4378
北恵那交通	中津川駅→神坂小中学校前	¥570
名鉄バス	中央道馬籠→飯田駅前	¥1000
喜久乃湯温泉		¥430 甲府駅から徒歩10分
	合計	¥13408 Ⓐ

●比較対象

乗車券	大阪市内→東京都区内	¥8910
特急券	新大阪→東京(のぞみ)	¥5810
	合計	¥14720 Ⓑ
Ⓑ-Ⓐ		¥1312 余り

●行程

	利用列車	時刻
1月5日(日)	2423S	JR淡路8:44→新大阪8:49
	新快速3221M	新大阪8:53→大阪8:57
	大和路快速3332K	大阪9:14→奈良10:12
	1537S	奈良10:14→桜井10:46
	近鉄急行	桜井11:17→松阪12:36
	※あら竹「モー太郎弁当」	
	415C	松阪13:09→伊勢奥津14:33
	414C	伊勢奥津15:08→松阪16:34
	快速みえ20号	松阪16:41→名古屋18:06
	※名古屋(泊)	
1月6日(月)	快速2707M	名古屋8:30→土岐市9:12
	※旅行貯金2500局達成	
	705M	土岐市9:34→中津川10:06
	北恵那交通	中津川駅前10:45→神坂小中学校前11:06
	※徒歩5分ほど	
	名鉄バス	中央道馬籠11:19→飯田駅前11:54
	225M	飯田13:04→駒ヶ根14:25
	229M	駒ヶ根15:45→岡谷16:59
	442M	岡谷17:10→甲府18:52
	※喜久乃湯温泉(天然温泉)	
	558M	甲府20:07→高尾21:37
	中央特快	高尾21:50→東京22:51

したのだ。こちらのミスなので大いに焦ったが、とにかくどこかで時間を取らなければならない。

後のスケジュールとの兼ね合いを考え、駒ヶ根なら大丈夫と踏んで、岡谷行きが出る15時45分までには校正を戻しますと返事。列車に乗っている間は、旅を楽しむことに徹する。幸い好天で、東側の南アルプスの風景や、急流が河岸段丘を刻む「田切」と呼ばれる地形を堪能できた。

駒ヶ根14時25分着。駅前の市民交流活性化センター「アルパ」の2階に、Wi-Fiが使えるフリースペースがあるのを見つけた。あ

飯田からは再び鉄道の旅

駒ヶ根で途中下車し仕事をこなした

りがたくノートパソコンを開かせていただき、無事に仕事も完了する。こうしたドタバタ騒ぎも、後になってみれば旅の思い出の一つである。

すっきりして、駒ヶ根から再北上。学校も6日からのようで、伊那市あたりから、いつもの飯田線のように高校生で賑わいだした。

温泉につかって旅を締める

17時を回って日が暮れた岡谷から、大月行きで東へ。ロングシート車に当たったが無理なく座れ、ゆったりくつろぐ。

さて、このまま東京まで普通を乗り継いでも退屈だし、首都圏は終電が遅いから、途中下車できる余裕はまだある。再びスマートフォンを開き、今度は天然温泉の銭湯を探してみた。始発列車がある甲府がよかろうと、検索窓に「甲府・天然温泉・銭湯」と入力。すると、甲府駅から歩いて約10分ほどのところに「喜久乃湯温泉」があるとわかった。最初からどこかで温泉に入るつもりだったから、タオルはカバンの中に入れてある。

喜久乃湯温泉は、住宅街の中にある、昔ながらの風格がある銭湯

岡谷ではもう日が暮れた

甲府駅に近い喜久乃湯温泉でひと浴び

夜遅くに東京駅に到着

だった。料金は山梨県内共通の430円だから、財布にもやさしい。これで出費の方は終わりだ。十分、1万4720円以内でおさまっており、1000円ちょっとの黒字になった（123ページの表参照）。

最後はすっかりいい気分になって甲府から高尾までぼんやり過ごす。けれども、中央特快に乗り継いだとたん、一気に日常生活に引き戻されたような感じになった。

第4章

お得に、賢く
列車に乗る方法

ここまでさまざまなきまりを
紹介してきましたが、
きまりをうまく活用すれば
安く鉄道旅行ができます。
ただ、ちょっと頭の体操が必要かも!?

4-01 《第4章 お得に、賢く列車に乗る方法》

長く乗るほど安くなる
―――遠距離逓減制度や往復乗車券を活用しよう

乗車する距離が長くなれば、相対的に運賃が割安になる

JRの運賃表を眺めていると、何かに気付かないでしょうか？ あるキロ数を境目に、運賃の上がり方がゆるやかになっているのです。例えば、幹線の営業キロ100kmに対する運賃は1690円なのに対し、200kmの運賃は3410円で、その差は100kmで1720円。300kmと400kmを比べてみると6600円−5170円で、運賃の差は同じ100kmであっても1430円。さらに1000kmと1100kmだと、1万3420円−1万2540円と880円しか上がっていません。

つまり、長い距離を乗れば乗るほど、1km当たりの運賃が安くなるのです。これを「遠距離逓減制度」といいます。旅客営業規則を見ると、1km当たりの運賃額が載っていますので一目瞭然。本州3社の幹線の場合は、営業キロ

300kmまでを第1地帯、301〜600kmを第2地帯、601km以上を第3地帯としており、それぞれ16円20銭、12円85銭、7円5銭と定められています。

つまり、乗車券は「細切れに買うと損」なのです。ルールが許す範囲でできるだけ長くつなげて買い、途中下車の制度（2-09参照）を活用するのが、安く上げるコツです。

2-09では、東京都区内から名古屋市内ゆき、名古屋市内から広島市内ゆきと乗車券を分けてしまうと6380円＋8580円＝1万4960円なのに対し、「東京都区内から広島市内ゆき」を買い名古屋で途中下車すれば1万1880円、差し引き3080円も違いが出てくる例を紹介しました。

少々頭を働かせると、こういう

こともできます。

東京から仙台と名古屋へ立て続けに出かけるとします。その場合、ふつうは東京都区内から仙台市内ゆき、東京都区内から名古屋市内ゆきの往復乗車券をそれぞれ買ってしまいがちです。運賃はそれぞれ6050円×2＝1万2100円と、6380円×2＝1万2760円、合計2万4860円となりま

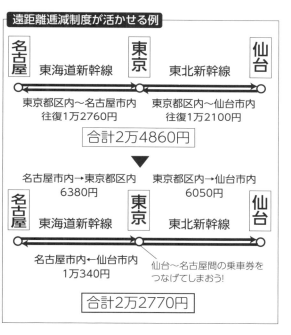

すが、ここで「仙台→東京」と「東京→名古屋」が1本のルートにまとめられることに気付けば上出来。往復乗車券にせず、仙台からの帰りに「名古屋市内まで」といって乗車券を買い、東京では途中下車すれば安くつきます。都区内通過の特例（2-05参照）を活用して、新宿などで下車してもかまいません。

計算してみると、仙台市内→名古屋市内の営業キロは717.8kmあり、遠距離逓減制度の恩恵を受け

られます。運賃は1万340円です。これに東京→仙台6050円、名古屋→東京6380円を足すと、合計は2万2770円。2090円安くついて、駅弁代とビール代にできます。

一方、往復乗車券の割引も利用する価値があります。営業キロで601km以上となる区間の往復乗車券（1-04参照）を購入すると、往路・復路とも1割引になるという制度（往復割引）です。例えば東京から東海道・山陽新幹線を下ると西明石から先、東北新幹線を

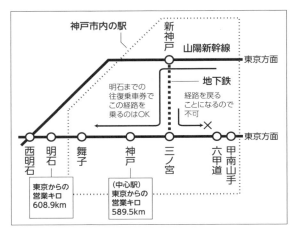

下ると二戸から先の駅まで往復すれば適用されます。

600km以下だと、往復乗車券を買っても割引はありませんが、興味深い現象が起きます。東京都区内〜神戸市内間の営業キロは589.5kmで、わずかの差で601kmに届きません。そのため往復乗車券も無割引で、9460円×2＝1万8920円です。

ところが東京都区内〜明石間だと営業キロが608.9kmあり、往復割引が適用となります。往復乗車券は9790円×0.9（10円以下の端数は切り捨て）×2＝1万7620円で、実は神戸市内往復より1300円、安くなってしまうのです。目的地までの営業キロが、ギリギリ601kmに満たない時、この手段は有効です。

私も、都内のJR駅のみどりの窓口で並んでいて、すぐ前の女性が神戸までの往復乗車券を買おうとした時のこと。窓口の係員が気を利かせ、「明石までの往復にした方が安いですよ」と声をかけたのを見かけました。

ただこの手段、弱点があって、「明石までの往復乗車券」で新幹線新神戸駅で降り、選択乗車（2-05、2-06参照）を使って三ノ宮などから在来線を利用する場合に目的地が明石方面、例えば舞子駅などだと、そのまま乗り進めばいいのですが、三ノ宮より東（灘方面・例えば六甲道駅など）へ向かってしまえば、三ノ宮〜下車駅間の運賃を別払いしなければなりません。神戸市内ゆきの乗車券なら問題ないのですが、明石ゆきだと経路の"逆行"になるのです。僕が出会った窓口係員、女性に最終的な下車駅を確認すべきでした。

4-02 《第4章 お得に、賢く列車に乗る方法》

有効期間を「有効に」使おう!

往復乗車券、連続乗車券の有効期間の"妙"

1-04で乗車券の種類、2-08で乗車券の有効期間について紹介しましたが、長く乗れば得になる「遠距離逓減制度」(4-01参照)を活かしやすい、往復乗車券や連続乗車券については、有効期間の活用方法を会得すれば、さらにお得な旅ができます。

まず、往復乗車券。有効期間は同じ区間の片道乗車券の2倍となります。例えば、東京都区内〜大阪市内の往復乗車券は営業キロが556.4kmですので、片道乗車券だと4日間有効。往復だと倍の8日間有効です。7月1日から有効の往復乗車券なら7月8日まで往路、復路の券とも使えます。ただし往路の券を使い終わらないと、復路の券は使い始められません。

このきっぷだと、7月1日に東京から名古屋まで行き、7月7日まで仕事で滞在、8日に大阪へ移動して、所用をこなしてから、その日のうちに東京へ戻るということができます。片道乗車券2枚だと、こうはいきません。7月1日から有効の東京都区内から大阪市内ゆきの片道乗車券は、7月4日までしか使えませんから、名古屋滞在中に有効期間が切れてしまいます。東京都区内〜名古屋市内、名古屋〜大阪の2枚に分けねばならず、高くつきます。

「規則上可能」であれども、慣れないうちは積極的にはおすすめできないやり方ですが、例えば先のケースで大阪からの帰京が10日の予定である場合。最初から7月8日まで有効であることを承知で往復乗車券を買い、8日に大阪へ着いた時点で、まだ有効な復路の乗車券を払い戻し(5-02参照)し

てしまえば、払戻手数料が220円かかりますが、東京都区内から大阪市内ゆきの乗車券を実質8日間使うこともでき、かつ名古屋で切らずに通しで乗車券が買えて割安にできます。

連続乗車券の有効期間を上手に使う方法も、往復乗車券と似ています。自画自賛ではありますが、私が実際に活用したケースをご紹介しましょう。

まだ、故郷の大阪で仕事をしていた頃のこと。ある日、四国の松山まで日帰りで出張することになりました。何も考えずに往復乗車券を買えば、大阪市内〜松山間は6860円×2＝1万3720円。営業キロは390.9kmですから有効期間は片道3日、往復6日ありますが、日帰りだと特に関係ありません。仮にこれを7月21日のこととしましょう。

そこへ、松山出張の後で、7月27日に東京へ行かねばならない用事ができてしまいました。そこで、松山から東京都区内ゆきの乗車券（1万2470円）を買っておき、戻ってきた大阪では途中下車をする形にすれば、安くつくと考えました。大阪市内〜東京都区内の運

賃は8910円ですから、大阪で切ってしまうと出費は6860円＋8910円＝1万5770円。3300円の大損です。

ところがどっこい。松山〜東京都区内の営業キロは947.3kmと1000kmには届かず、有効期間は6日。21日夜に大阪へ戻る時から乗車券を使い始めると、東京へ行く前日に切れてしまいます。道後温泉あたりに1泊して22日から使い始めるのなら大丈夫なのですが、それじゃあ運賃を安く上げた意味がありません……。

と、ここで、大阪から松山へ行く時に使う乗車券が、ある意味、〝無駄に〟3日間も有効期間があることに気付きました。これを使わない手はありません。乗車するルートが重なっており、1枚目のきっぷ（連続1）の到着駅が2枚目のきっぷ（連続2）の出発駅という、要件も満たしています。そこで連続1を「大阪市内から松山ゆき」、連続2を「松山から東京都区内ゆき」とした、連続乗車券を買ったのです。

この連続乗車券の有効期間は、連続1の区間が3日、連続2の区間が6日ですから、合計した9日。

7月21日から有効とすれば、29日まで2枚とも使うことができます。21日の朝、新大阪駅の改札口を通り岡山乗り換えで直行すると、4時間弱ほどで使い切り松山駅の改札口で渡してしまう「大阪市内から松山ゆき」が、もう1枚に3日間の〝命〟を譲ったのでした。

それ以来、私は連続乗車券の愛用者となり、スケジュールに合うかどうか、有効期間を指折り数えてしばしば使っています。最近では高崎～出雲市・出雲市～気仙沼などという区間を買いました。

右の写真の連続乗車券も四つほどの用件をまとめてこなすために買ったもの。都区内エリアから小山までの区間、重なっています。ちなみに2月2日に、3月2日から有効のこの乗車券だけを渋谷駅で購入しており、1-06で紹介した「乗車券の前売り」の例でもあります。

連続乗車券の有効期間活用は、けっこう応用が効きます。例えば、東京都区内から松山（有効期間6日）まで片道だけJRに乗りたいのだけれど、どうしても有効期間が7日欲しい場合。「東京都区内から松山ゆき」「松山から三津浜

連続乗車券の例。「連続1」が5日、「2」が1日で合わせて6日間有効。

ゆき」（三津浜は松山からひと駅だけ東京方面へ戻った駅）の連続乗車券にする手があります。松山～三津浜の営業キロはわずか3.7kmですが、有効期間はもちろん1日あります。これを210円の投資で足してしまうのです。

連続2は「かけ捨て」。つまり、実際には使わなくても損にはならないでしょうけれど、「せっかくきっぷがあるのだから」と、4分ほど普通列車に揺られてみるのも、悪くないでしょう。何か発見があるかもしれません。

4-03 《第4章 お得に、賢く列車に乗る方法》

時には分けて買った方が得?

"分割買い"やインターネット予約を使い
安く上げる技

4-01や4-02で、あれほど「細切れは損」「長くつないで買った方が得」といっておきながら、ここでは矛盾するようなお話。**時と場合によっては、乗車券を分けて買った方が得になるケースもある**のです。

東京ディスニーリゾート（TDR）は連日、多くのレジャー客を集めていますが、最寄り駅はJR京葉線の舞浜。「TDRは、東京といいつつ実は千葉県浦安市にある」とよくいわれるように、舞浜駅も東京都区内の駅から外れており、運賃の計算をする場合も原則通りになります。例えば大阪市内からの運賃は、大阪から舞浜まで営業キロ569.1kmをそのまま本州三社の幹線の運賃表に当てはめて9130円となります。

ところが、大阪市内から東京都区内までの運賃は、大阪から東京までの営業キロ556.4kmから、8910円。「大阪市内から東京都区内ゆき」の乗車券は、2-03で紹介した「特定都区市内発着」ですので、京葉線方面だと葛西臨海公園まで乗れます。葛西臨海公園〜舞浜間はわずか1駅2.1kmで、運賃は140円。都区内行きの乗車券で舞浜まで乗り越す（5-02参照）と9050円で済み、80円安くなるのです。混雑する舞浜駅での清算の手間を考えると、実行するかどうかはためらわれますが、「特定都区市内」から少し外れた駅だと、こういう現象も起こるということです。

もう少し現実的な例としては、エクスプレス予約など、運賃＋特急料金を合わせて割り引かれているサービス（1-11参照）を利用す

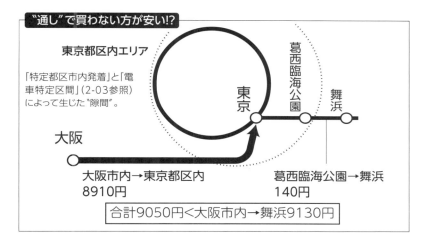

"通し"で買わない方が安い!?

東京都区内エリア

「特定都区市内発着」と「電車特定区間」(2-03参照)によって生じた"隙間"。

大阪市内→東京都区内 8910円

葛西臨海公園→舞浜 140円

合計9050円＜大阪市内→舞浜9130円

るか、「えきねっと」などで発売されているインターネット予約専用の割引商品の活用があります。これらを使うと、目的地までの通しの乗車券＋無割引の特急券を買うより、結果的にトータルで安くなるケースが時として出てくるようになったのです。

例えば、東京から新幹線「のぞみ」で新山口まで行き、山口線の普通へ乗り換えて、津和野で観光する場合。東京〜津和野間の乗車券は1万3420円、東京〜新山口間の「のぞみ」特急券は8770円、合計で2万2190円と計算できます。

ところが、エクスプレス予約を使うと、東京〜新山口間は2万90円なのです。同じ区間の乗車券＋特急券をふつうに買うと2万1640円ですから、1550円安くなっています。これに新山口〜津和野間の乗車券1170円を足しても、合計は2万1260円。新山口で分けて買った方が930円、お得だったのです。私はエクスプレス予約の会員ですので、チケットレスで新幹線に乗車できる上に安くなるとなれば、使わない手はありません。

こうした例は、JRの運賃区分が少し粗く設定されているため、その隙間を縫って現れます。時刻表を繰って電卓を叩いて、安くなることに気付いてにんまりする。実行するかどうかは別として、そんな頭の体操もいいのではないでしょうか。

4-04 《第4章 お得に、賢く列車に乗る方法》

割引きっぷとは?

乗車券、特急券などを、条件に合わせて割り引いたきっぷ

国鉄時代は「トクトクきっぷ」と呼ばれ、今は会社によって総称も違いますが、各種の割引きっぷは旅行には欠かせない商品として、多数、JR各社から発売されています。「青春18きっぷ」や「フルムーン夫婦グリーンパス」のように、国鉄の増収策として誕生し、今も全国で息長く愛用されているものもあれば、イベントなどに合わせて地域・期間限定で設定されるものもあります。

割引きっぷの数は常に変動しており、種類もさまざまで全容はなかなかつかみにくいものがありますが、公式サイトでは盛んに宣伝され、目的地や用途などに合わせて検索ができる会社もあります。駅のポスターやチラシを目にする機会も多いことでしょう。

ところが、旅客営業規則のどこを見ても「割引きっぷ」に関する項目はありません。通常より安くなるという、広い意味での割引きっぷとして定期乗車券、普通回数乗車券、団体乗車券などの定めはありますが、「青春18きっぷ」といった文字はないのです。

割引きっぷは約款に定められたものではなく、各きっぷの発売ごとに出される通達によって、その効力や値段、発売期間などが定められたものです。その点、定期券や回数券とは性格や位置づけが違いますが、「制約はあるけれど、通常通り運賃・料金を支払うより、割安に列車に乗れるきっぷ」と考えて、特に問題はありません。

割引きっぷとて「きっぷ」ですから、鉄道会社から受けられる輸送サービスの証明であることは同じです。列車に乗るためには乗車

134

鉄道の駅では、割引きっぷの宣伝が盛んに行われています。

券が必要ですから、その割引きっぷだけで乗車できるとしたら、乗車券としての性格を持っています。特急やグリーン車など、別料金が必要な列車、設備にも乗車できる割引きっぷなら、特急券やグリーン券としての性格も持っているのです。

つまり割引きっぷは、一般的な乗車券、特急券などのきっぷとは「別物」でもありません。一定の条件の下、値段を引いた乗車券、指定券などの一種という考え方。種類によって、乗車券＋特急券の効力を持つもの、特急券のみの効力を持つもの（別途、乗車券は必要）など、さまざまということになります。

割引きっぷは、鉄道会社の営業戦略の一環として発売されます。どんな会社でも、「この商品は売れ行きが今ひとつだから、値引きして売ろう」といったことがありますが、それと同じこと。ですから、増収や利用者数のアップ、PRなど、所期の目的を達成したと判断されれば消えてしまう運命です。国鉄時代の「周遊券」をルーツに持つ「周遊きっぷ」のように、惜しまれながら廃止されたきっぷも少なくありません。列車に乗るためには、正規の運賃・料金を払うのが本筋で、割引きっぷは「特別なおまけ」なのです。

いろいろな割引きっぷ

JR、私鉄、公営交通を問わず、割引きっぷは多種多彩。

4-**05** 《第4章 お得に、賢く列車に乗る方法》

割引きっぷの種類

大きくわけて三つのタイプがあるので、使い分けよう

さまざまな割引きっぷがあって、自分の旅に合ったものがわかりにくい……ならば、割引きっぷをタイプ別に分類してみましょう。

まず基本は3種類。「**乗り放題タイプ**」「**往復タイプ**」「**回数券タイプ**」です。

「乗り放題タイプ」とは、定められたエリア、路線（「自由周遊区間」「フリーエリア」などと呼ばれます）が有効期間内、何度でも乗り降り自由となるものです。仕事や観光で、何回も列車に乗る時には重宝するタイプです。

代表的なきっぷとしては、地下鉄やローカル私鉄などに多い「1日乗車券」が挙げられるでしょう。「青春18きっぷ」や「フルムーン夫婦グリーンパス」は、乗り降り自由なエリアがJRの全路線であ

る乗り放題タイプと考えれば、理解しやすいです。

「往復タイプ」とは、文字通り設定区間の往復の乗車に使えるタイプ。多くは乗車券＋特急券をセットにした形で、主にビジネスや所用などで往復する利用者を想定しています。

伝統があるものとしては、九州の主な都市から京阪神地区への往復に、新幹線や在来線特急の普通車指定席が利用できる「往復割引きっぷ」が例として挙げられるでしょう。また、往復のJRとテーマパークの入場券をセットにしたものも見受けられます。

この「往復タイプ」には「乗り放題」タイプと組み合わせたものがあります。JR東日本が発売している「南伊豆フリー乗車券」などが代表的。出発地から「自由周

136

遊区間」までの往復のJR線に加え、自由周遊区間内は伊豆急行の普通列車の普通車自由席と路線バスが乗り降り自由になります。

このタイプも数が多く、東北・上信越一円で発売され、出発駅からの往復の乗車券＋東京近郊のJR線が乗り放題になる「首都圏週末フリー乗車券」など、首都圏を対象としたものは人気があるようです。これらのルーツは古い汽車旅派には懐かしい、今はなき「ワイド・ミニ周遊券」です。

「回数券タイプ」は、2枚以上のきっぷをひとまとめにして割り引いたもの。普通回数券自体が乗車券をまとめたものですので、割引きっぷとしては、乗車券＋特急券、あるいは特急券だけを数枚つづりにしたものが主流になっています。

JR九州の「2枚きっぷ」「九州新幹線2枚きっぷ」は主要駅間の乗車券＋特急券として使えるきっぷを2枚まとめて大幅に割り引いています。値段の安さと、1人で往復しても2人で一緒に使ってもよく、すぐ使い切れる手軽さもあって、人気の割引きっぷとして定着しました。

6枚つづりの「新幹線回数券」もおなじみ。東海道・山陽、東北、上越、北陸、山形など各新幹線ごとに、特定の区間で発売されています。青春18きっぷも、様式としては1枚ですが、全線乗り放題×5日分という、回数券タイプの1種でもあります。

なお、回数券タイプの割引きっぷは、基本的に1枚ずつ切り離して使っても構いません。複数の人が分けて使うこともできます。町にある金券ショップで売られている「安いきっぷ」の正体は、新幹線回数券などのバラ売り。ですので、もともと割引きっぷの設定がない区間は売られていません。お店の利益が上乗せされていますので、使い切れるのなら、駅や旅行代理店など正規の窓口で回数券タイプを買った方が、結局、安くつく場合もままあります。

その他、この3種類に当てはまらないものも若干、あります。私鉄のものですが、小湊鐵道・いすみ鐵道で発売されている「房総横断記念乗車券」は五井〜大原間の片道乗車券で、自由に途中下車ができるのですが、後戻りはできないという変わり種きっぷです。

4-06 《第4章 お得に、賢く列車に乗る方法》

割引きっぷはどれほどお得か?

数回乗れば元が取れる「乗り放題タイプ」。
往復乗車券より安いきっぷも

「割引きっぷ」というからには通常の運賃・料金と比べて、必ず安くなるはずなのですが、ちょっと電卓を叩いて計算してみればどれほどお得になるか理解でき、さらにお得な使い分けや、活用法も見つかるはずです。

「往復タイプ」「回数券タイプ」は単純。利用したい区間の運賃＋料金を計算し、「往復タイプ」は片道あたりの、「回数券タイプ」は1枚あたりの値段も計算して比べてみれば、どれほどお得かがわかります。

例えば、博多〜大分間で特急「ソニック」の普通車指定席に乗る場合、通常は片道5680円かかります。これに対し、「2枚きっぷ」（6300円）を利用すれば、1枚あたり3150円。差し引き2530円もの大幅割引になります。

一方、同じ区間には「新幹線往復割引きっぷ」もあり、博多〜小倉間は山陽新幹線の自由席、小倉〜大分間は「ソニック」の普通車指定席が利用できて1万210円。片道あたり5105円で、「2枚きっぷ」より高くつきますが、新幹線が使えてスピードアップになります。時と場合によって、使い分けることもできるのです。

問題は乗り放題タイプ。何回も乗り降りしなければ損なようにも思えますが、これも利用したい区間の往復と比較してみれば、わかりやすいです（4-07参照）。

P125で紹介している乗り放題タイプの割引きっぷで検討してみましょう。「休日おでかけパス」はほぼ関東一円のJR東日本線などが1日乗り放題。値段は2720円ですから、1360円以上の区間を

往復しただけで元が取れます。幹線だと81〜90kmが1520円。東京〜小田原間などが、もう該当します。それ以上は乗れば乗るほどお得です。

東京メトロの1日乗車券は現在「24時間券」に衣替えし、最初に自動改札機を通ってから24時間使えるようになりました。例えば東京駅へ17時に着いて、丸ノ内線で赤坂見附のホテルに向かい1泊。翌日、都内を巡って16時発で東京駅から帰るといった場合でも、600円の券1枚で済みます。

東京メトロでいちばん高い片道運賃は320円ですが、東西線中野〜西船橋間といったかなり長い距離（28km以上）になりますので、往復するのは現実的ではありません。むしろ最低運賃170円の区間を4回乗れば元が取れると考える方がよいです。

ローカル鉄道は運賃が高めなので、1日乗車券があれば助かります。若桜鉄道は郡家〜若桜間の片道運賃が440円ですから、「1日フリー乗車券」を760円で買えば、往復するだけで120円得になります。「親子きっぷ」は休日のみの発売ですが、同額で大人小児各1

乗り放題タイプの割引きっぷ

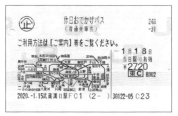

JR東日本の「休日おでかけパス」（上）
「阪急阪神1dayパス」（中）
東京メトロ「24時間券」（下）

名が同時に使えます。こうした割引きっぷの有力な情報源は公式サイト（6-08参照）。お出かけ前には、ぜひご一読を。

4-07 《第4章 お得に、賢く列車に乗る方法》

割引きっぷの王様
「青春18きっぷ」の基礎知識

1日あたり2370円で普通列車に24時間乗り放題！
好きなだけ、自由な行路で旅を楽しもう

「青春18きっぷ」は非常に知名度も高く、人気があるきっぷ。1982年に発売された「青春18のびのびきっぷ」がルーツで、もう40年近い歴史があります。このきっぷについてのガイドブックは何種類も発売されていますが、ここで基礎的な知識をおさらいしておきましょう。

発売価格は1万2050円。有効1日間のきっぷが5日分、1枚にまとめられています。利用する際には最初に乗車する駅の改札口で、無人駅から使い始める場合や夜行列車の翌日分は乗車した列車の乗務員からスタンプなどで日付を入れてもらう必要があります。使い方は自由で、1人で5回旅に出ても、5人一緒に旅をしても構いません。複数で利用する場合は同一行程で行動しなければなりません。

この場合の「1日」とは0時から24時までを指します。深夜0時をまたいで走る列車では、0時（24時）を越して最初に停車する駅まで有効です。東京・大阪の電車特定区間（2-02参照）内では最終電車まで使えます。

利用期間は、毎年春（3月1日～4月10日）、夏（7月20日～9月10日）、冬（12月10日～1月10日）に分かれています。それぞれの期間ごとの発売で、夏用を使い残したからといって、冬の期間に使うことはできません。

重要なのは、「普通列車の普通車用のきっぷ」であること。1-03で解説しましたが、JRでいうところの「普通列車」には快速や新快速なども含まれます。特別料金が要らない列車という意味で「新幹線を含む特急、急行には乗れな

140

い」と覚えておく方がよいかもしれません。なお、特急券や急行券を買い足しても、特急・急行には乗れません。乗車する場合には、乗車区間の乗車券も購入しなければならないのです。

ただし、普通列車の設備の一部は利用できます。夜行臨時快速「ムーンライトながら」やSL列車などにある普通車指定席なら指定席券を買えばOK。首都圏の普通・快速のグリーン車自由席も特例としてグリーン券を別途購入すれば乗車可能です。また、「ホームライナー」（要乗車整理券またはライナー券。3-10参照）、気仙沼線・大船渡線のBRT、JR西日本宮島フェリーにも乗れます。乗車券だけで特急に乗れる特例がある石勝線新夕張〜新得間、奥羽本線青森〜新青森間、佐世保線早岐〜佐世保間、宮崎空港線宮崎〜宮崎空港間では、区間内相互発着の場合に限って、特急の普通車自由席が利用できます。

またJR線専用のきっぷですので、JRと直通運転している北越急行や伊勢鉄道、あるいは伊豆急行といった私鉄・第三セクター鉄道では利用できず、別途、運賃が必要になります。

例外として、青い森鉄道の八戸〜青森間、八戸〜野辺地間、野辺地〜青森間、あいの風とやま鉄道の富山〜高岡間、IRいしかわ鉄道の金沢〜津幡間については、普通・快速列車に乗って、途中下車しない限り、青春18きっぷだけで乗車できます。八戸・野辺地・青森、富山・高岡、金沢・津幡以外の駅で下車してしまうと、各社の正規の運賃を支払わねばなりません（130ページの図も参照）。

ところで、よく私も尋ねられるのですが、「18きっぷ」という名前でも、利用するにあたっての年齢制限は一切ありません。10歳でも80歳も、大手を振って使ってください。その代わりこども用はありません。各1回分で、こども2人の利用もできません。

ただ、「青春18きっぷって、18歳の人だけが使えるきっぷ？」という問いかけに対して、私はこう答えることにしています。「ええそうです。『気持ちが18歳の人が使うきっぷ』です」。

1日当たりにすると、2410円でJR全線の普通列車に乗れるきっぷです。ついつい、「時間はある

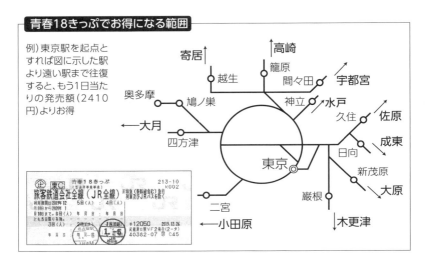

し、東京から大阪までとか、長い距離を普通で移動すれば、かなりお得だぞ」と考えがちです。

けれど、例えば東京〜大阪間を普通や快速を駆使して移動したとしても、最低でも9時間はかかります。しかも途中で何回も乗り換えが必要です。約2時間30分で到着してしまう「のぞみ」とは比べものにならず、2人がけシートの快速だけではなく、ロングシートの各駅停車に長時間、乗らねばならないこともあります。鉄道の旅に慣れていないと、あるいは旅そのものを楽しむ気持ちがないと、かなり辛い旅になるのです。

「18歳専用」と私がいうその心は、「18歳の若者のような行動力と好奇心を持って、使ってください」という意味。ただ「安いきっぷだ」と飛びついて、移動するだけではなく、せっかくの「乗り降り自由」です。時間に余裕を持ち、途中下車も楽しんでください。

近くへの旅であっても、このきっぷは有効です。2410円÷2＝1205円より片道運賃が高い区間を往復すれば、もうお得になります。幹線の運賃では71〜80kmが1340円です。東京駅からだと、小田原や高崎、宇都宮あたり。大阪駅からだと、姫路や彦根あたりまでの往復に使えば、もう元は取れるのです。

4-08 《第4章 お得に、賢く列車に乗る方法》

「青春18きっぷ」活用法～応用編

飛行機や特急も使おう。
第三セクター鉄道にも乗れる!?

JR全線の普通列車が乗り降り自由なだけに、「青春18きっぷ」の使い方には、さまざまな応用が効きます。単純に列車を乗り継いで長距離を移動するだけではなく、ちょっとした工夫で旅がより楽しくなるものです。

まず、矛盾するようないい方ですが、**青春18きっぷ"だけ"にこだわらない**こと。例えば、東京から普通列車だけで関西や九州まで行けたとしても、当然ながら帰り道があります。片道だけでも大変なのに、長い時間をかけて往復するのも大変です。

そういう時、帰りは**飛行機や新幹線を利用する**ようにするのも手。費用はかかりますが、旅の思い出が色濃く残っているうちにサッと帰宅するのも、上手な旅のやり方だと思います。

あるいは、自宅から現地までの往復は飛行機や長距離フェリー、高速バスなどを使い、現地の鉄道を青春18きっぷで乗り回すということでもよいでしょう。東京から北海道や九州へといった、遠方へ出かけたい時には有効な手段です。今はLCC（格安航空会社）もあります。限られた休みをフルに使って鉄道旅行を楽しむなら、行き帰りは「アクセス」と割り切ってしまうのもよいかと思います。

行程の一部区間だけ、新幹線や特急列車に乗り、スピードアップを図ったり、普通列車が少ない区間を乗り切ったりする方法は、俗に「**ワープ**」と呼ばれています。例えば、東海道本線の熱海～豊橋間。ここはほとんどの普通列車がロングシートで快速もなく、"苦行"などといわれたりもしていま

143

■「青春18きっぷ」活用法～応用編／4-08■

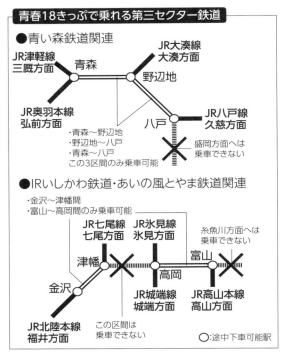

активかし、旅に変化をつけることもできます。新幹線の開業で大湊線、八戸線、城端線、氷見線、七尾線が他のJR在来線と直接、接続しなくなったためにできたきまりで、間に挟まる他社路線にも乗れるというもの。区間は限定されますし、途中の駅で乗降することはできません。

八戸、高岡といった接続駅では途中下車も可能です。ルールの主旨からすれば疑問は残りますが、途中下車した後で気が変わり、先のJR線に乗らなかったとしても、追加運賃はとられません。ただ、第三セクター鉄道も経営は苦しいので、できれば青春18きっぷは使わずに、普通乗車券を買って乗るのがよいと思いますが……。さらに「離れ小島」のJR各線はいずれも魅力あるところばかり、ぜひ足を延ばしてもらいたいところです。

す。そこで、例えば静岡〜浜松間だけ運賃＋自由席特急料金を投資し、東海道新幹線を利用すると、グッと楽になります。日豊本線の重岡〜延岡間など1日1往復半しか普通列車が走っておらず、スケジュール上のネックですが、特急「にちりん」に乗ればスムーズに通過できるでしょう。

JR線だけではなく、第三セクターに乗れる特例（4-07参照）も

4-09 《第4章 お得に、賢く列車に乗る方法》

割引きっぷの「制約」

「安いのには理由がある」
割引きっぷは制約に注意

4-04でも述べましたが、割引きっぷとは、販売促進などを目的とした鉄道会社の営業施策・戦略ですから、売り出す側の損になってしまっては何にもなりません。そのため、値段を安くしても何らかの利益が出るよう（金銭的なものに限りません）、制約があるのは致し方ないところです。

まず、**利用日に制約がある**ものが一般的に存在します。4-07で説明した「青春18きっぷ」が、その典型でしょう。定められた期間しか使えません。JR東日本の「休日おでかけパス」も、土休日のみ使える割引きっぷです。観光客向けのものでは、この「土休日のみ発売・利用可」という例が、まま見られます。

また、ふつうでも利用者が多いゴールデンウィークや旧盆、年末年始には、通年発売、利用可能な割引きっぷでも、その多くが使えなくなります。特に往復タイプなど、ビジネスユーザー向けのものでは、その傾向が強いです。販売促進という目的からするとやむを得ないところですが。

発売日に制限がある割引きっぷもあります。JR東日本の「週末パス」は自由に乗り降りできるエリアが広く、一部のローカル私鉄にも乗れるので利用価値が高いのですが、発売が利用の1カ月前からであるのはよいとして、利用前日の金曜日までという制約があります。私も恥ずかしながら、うっかり乗車当日に買おうとして、発売していないことに気付いてあせった経験があります。JR西日本でよく発売されている「ぐるりんパス」も、利用前日までしか購入

145

■割引きっぷの「制約」／4-09■

制約がある割引きっぷ

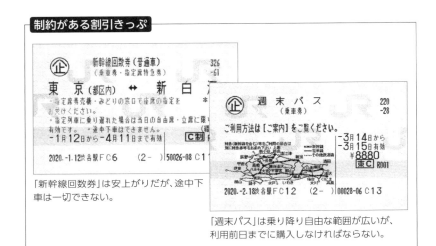

「新幹線回数券」は安上がりだが、途中下車は一切できない。

「週末パス」は乗り降り自由な範囲が広いが、利用前日までに購入しなければならない。

できません。

一方、**途中下車にも制約がある**きっぷが多く存在します。「乗り放題タイプ」は別として、「往復タイプ」や「回数券タイプ」は、出発地と目的地の間で、途中下車できないと思っていてまず間違いないほどです。往復＋乗り放題タイプの、出発地からの往復の区間でも同様です。

これらは特急料金を含んでいるタイプが多く、「特急券では途中下車できない（3-01参照）」という原則が適用されている感じです。もし、途中の駅で降りてしまうと**前途無効**（その先は使えなくなる）となります。

JR四国の「バースデイきっぷ」は誕生月に限り3日間、9680円で同社の路線内で、特急の自由席が乗り降り自由となるという格安なきっぷ。けれども購入時に生年月日が証明できる公的書類（運転免許証など）が必要という変わったきっぷでもあります。「フルムーン夫婦グリーンパス」は2人合わせて88歳以上の夫婦を対象として発売されますが、実は「2人が夫婦である証明」は必要ありません。恋人同士でもOKなのです。

こども用については、大半の割引きっぷに設定があり、おおむね半額ですが、一部、設定がない割引きっぷも存在します。

4-**10** 《第4章 お得に、賢く列車に乗る方法》

注目したい会員割引

「ジパング倶楽部」や「大人の休日倶楽部」など各社で充実

最近では「会員サービス」や「ポイント」などが花盛り。さまざまな特典が受けられますが、JRにも先に紹介した「エクスプレス予約（1-11参照）」をはじめ、「ジパング倶楽部」などの会員サービスがあります。これらを利用すると、あまり制約なく運賃・料金の割引が受けられます。入会金の負担などはありますが、利用を考えてみてもよいと思います。

「**ジパング倶楽部**」は男性65歳、女性60歳から入会できる高齢者向けの会員サービスで、その内容はJRの旅客6社とも共通です。入会すると会員手帳が送られてきて、それに綴られている割引証を使えば、JR全線で、201km以上の区間を利用する場合、年20回まで運賃・料金が30％引き（新規入会から3回目までは20％引

き）になります。「のぞみ」「みずほ」の特急料金や、寝台料金など割引にならない例外もあり、ゴールデンウィーク、旧盆、年末年始期間も使えませんが、やはり〝3割引き〟の魅力は大きなものがあります。

JR東日本は、高齢者向けのサービスは「**大人の休日倶楽部**」と銘打って、会員限定の割引きっぷを発売するなど、独自の展開を行っています。男女とも50歳以上は「**大人の休日倶楽部ミドル**」として、Suica付きクレジットカードへの入会で、JR東日本、JR北海道で201km以上利用する場合、乗車券、乗車券＋特急券が何回でも5％引きになります。ジパング倶楽部の入会資格を満たし、同じくSuica付きクレジットカードに入会すれば「**大人の休日倶楽部ジ**

147

■注目したい会員割引／4-10■

高齢者向け会員サービス

「ジパング倶楽部」の会員手帳。この中に、割引証が綴じ込まれています。

JR東日本「大人の休日倶楽部」の専用サイト。熟年層の取り込みには、各社とも熱心です。

パング」として、ミドルと同様の利用条件で何回でも30％の割引が受けられます。

JR西日本の「**おとなび**」はもっと簡単な割引サービス。50歳以上の人が「J-WESTネット会員」へ登録（無料）するだけで、入会したことになります。すでに入会済みの人は、50歳になれば自動的に会員になれます。それで、会員限定のきっぷや、「おとなびWEB早特」が利用できるようになるのです。「大人の休日倶楽部」と同様、ジパング倶楽部の入会資格も満たせば、やはり30％割引の恩恵が受けられます。

社会の中核を担う30〜40歳代向けのサービスが特に見当たらないのが、ちょっと不満ではありますが、「エクスプレス予約」の割引には、いつも助けられています。いちばん利用頻度が高いのが私の場合、新横浜〜新大阪間。通常、「のぞみ」を利用すれば1万4390円ですが、エクスプレス予約でEX-ICを利用すると1万3290円。1100円安くなり、年会費1100円の元がちょうど取れます。「グリーンプログラム」のポイントも90ポイント付き、600ポイントたまれば「こだま」、800ポイントで「ひかり」、1000ポイントで「のぞみ」のグリーン車へ、無料でアップグレードもできるのです。

4-⑪ 《第4章 お得に、賢く列車に乗る方法》

ネットで予約すると安くなる?

「えきねっとトクだ値」などの割引価格が嬉しい

鉄道会社がインターネット予約を導入するメリットとしては、窓口の数を減らすことができ、人件費も抑えられることがあります。その分、きっぷの値段を安くしたり、ポイント制度を導入したりするなど、利用者への還元に努めています。

4-10で紹介した「エクスプレス予約」の他に、JR東日本の「えきねっと」でも割引があります。早めに予約するとお得な「お先にトクだ値」と、特定の列車が安くなる「えきねっとトクだ値」の2種類です。いずれも乗車券+特急券の形で発売されますので、利用できる区間も限定になりますが、割引率が「お先に〜」で25〜35%、「えきねっと〜」は5〜40%と高いのが特徴です。

それ以外にも、「えきねっと」にはチケットレスサービスがあり、対象となる「ひたち・ときわ」「成田エクスプレス」などの特急料金が割り引かれます。

ふだんから安めの「エクスプレス予約」でも、東海道新幹線の「のぞみ」に安く乗れる割引がいくつかあります。やはり、早めに予約をすると通常料金より割安になるというものが主流で、21日前までの予約で、会員限定ながらチケットレスでも乗れる「EX早特21」。3日前までの予約で2名以上6名以下で利用する場合、割安になる「EXのぞみファミリー早特」などがあります。

所要時間が長い「こだま」利用ならば、さらに安くなる商品があり、グリーン車利用、チケットレスサービス利用可能な「EXこだまグリーン早特」などは、東京〜

149

■ネットで予約すると安くなる?／4-11■

JR東日本「えきねっと」の「トクだ値」PRページ。大幅な割引になります。

JR九州の「列車予約サービス」のページ。ポイント制度があります。

小田急電鉄の「ロマンスカー＠CLUB」でもポイントが付き、お得。

新大阪間が通常、「こだま」「ひかり」の普通車指定席利用でも1万4400円のところ、1万1410円になったりします。

　同様の割引は、JR西日本の「e5489」にもあり、山陽・九州新幹線が大幅に割引となります。こちらはJ-WESTネット会員になれば利用できます。

　割引だけではなく「えきねっと」はポイントサービスも充実しており、JRのきっぷの購入や、インターネットショッピングなどによりポイントが溜まります。嬉しいのは、手持ちのSuicaを「JRE PIONT」に登録すれば、そのポイントをSuicaのチャージに変えられること。もちろん、そのチャージを使って電車に乗ったり、電子マネーで買い物をすることもできるのです。

　同様のポイントサービスとしては、JR九州の列車予約サービスなどで付加される「JRキューポ」があり、ポイントは、SUGOCAへのチャージや、旅行券への引き換えができます。

　私鉄特急でも、インターネット予約は今や当たり前。旅行先で乗る列車であっても、自宅で予約ができます。また、近畿日本鉄道や南海、小田急の「ロマンスカー＠club」などには、ポイント制度があります。通勤などでよく乗る場合には、お得なサービスです。

4-⑫ 《第4章 お得に、賢く列車に乗る方法》

人気列車の指定券を確保するには?

「ねばり腰」で取り組もう
最後まであきらめずに!

166ページからの巻頭ルポで乗車した、定期運行廃止間近だった「あけぼの」もそうでしたが、寝台特急「サンライズ瀬戸・出雲」、「青春18きっぷ」で割安に旅ができる「ムーンライトながら」などの夜行臨時快速といった列車はもちろんのこと、帰省ラッシュ時の新幹線、特に座席の数が多くない山形・秋田新幹線などは大変混雑し、座席や寝台の予約が時には困難を極めます。発売が開始されるやいなや満席というケースも珍しくはありません。

そういう列車の指定券を確保するには、どうしたらいいのでしょうか? まず、乗車日が決まっているのなら、第一歩はやはり、発売が開始される運転1カ月前の10時に「みどりの窓口」へ行くことです。超人気列車ともなると、列

の先頭にいてもダメなこともありますが、とにかくチャレンジしてみなければ始まりません。

窓口の数も多いけれど集まる人も多い大きな駅へ行くか、集まる人は少ないけれど窓口の数も少ない小さな駅へ行くかは、悩みどころです。昔は、小さな駅の方が並ぶ人が少なくてよいとされていましたが、最近は大きな駅でも、大勢の利用者に対応できるよう体制が整えられていますので、五十歩百歩というところでしょうか。個人的な感触ですが、大きな駅の方が「変わった列車のリクエスト」に慣れていて、よいとも思います。

会社や学校があって、10時に駅へ行けない場合は、1-06で紹介したインターネット予約の事前受付を利用するのも手でしょう。「えきねっと」では発売開始日の、

151

■人気列車の指定券を確保するには?／4-12■

さらに1週間前の5時30分から事前の申し込みを受け付けています。ただし、これらも先着順。10時ちょうどに、JRの指定券を一手に引き受けている予約・発券システム「MARS（マルス）」のホストコンピュータにアクセスしてもらえるとは限りません。

もし、1カ月前の10時に確保できなくても、あきらめることはありません。コンサートなどのチケットとは違い、JRの指定券は変更・払い戻しが可能（5-01、5-03参照）ですので、いったん発売された席が、コンピュータへ戻されることも多々あります。一説には発券されても変更・払い戻しされる指定券は、全体の20〜30％ほどにも及ぶといわれてます。特に、席の数が多い新幹線や夜行臨時快速などは、「1人、2人なら何とかなる」と思っていて間違いありません。

なので、ここは粘り腰で取り組みましょう。いちばんいいのは、各駅で「みどりの窓口」を見かけるたびに飛び込んで、調べてもらう方法です。指定券の申込書をあらかじめ書いておいて、ダメでも使い回せば手間ははぶけます。私

もこの手で、「トワイライトエクスプレス」、「北斗星」のロイヤルから「ムーンライトながら」の指定席、そして「あけぼの」まで、何度も難関を突破してきました。

あるいは、指定席の空席状況がインターネット上で確認できる「JR CYBER STATION」へ手すきの時にアクセスしつつ、もし空席が〝転がり出て〟きたら、すぐインターネット予約に走る手もあります。このサイトは、時間帯ごとに複数の列車の空席をまとめて検索できるのが特徴。私の故郷は大阪ですが、正月に帰省していての帰り、軒並み満席の上り東海道新幹線の空席を探すのに重宝しています。

そんな頻繁に空席を探す時間が取れない！　という向きには、変更や払い戻しが多いといわれているタイミングをお教えしましょう。まず発売当日の夕方。事前受付などで〝二股〟をかけていた人が、ダブった指定券類を払い戻すことが多くなります。また、列車出発2日前の夕方も多いとされます。出発前日になると、払い戻しの手数料が340円から額面の30％に跳ね上がるからです。

4-⑬ 《第4章 お得に、賢く列車に乗る方法》

どの列車が混雑するのだろう?

混んでいる列車は避けて、ゆったりのんびり旅するには?

帰省ラッシュのピークや夏休み中など、特定の列車に利用者が集中し、指定席が満席なのはもちろんのこと、「自由席の乗車率150％」などとニュースで報じられたりします。どうしても、そういう列車に乗らなければならない事情があるならともかく、できればのんびり混雑していない列車で旅をしたいものです。

混雑しそうな列車を判断することは、指定券を申し込む時にも必要なこと。初めから空いていそうな列車を狙うことが、楽に旅をするコツでもあります。

では、どんな列車が混むのでしょうか?

新幹線では、とにかく「足が長い＝長距離を走る」列車に人気が集中します。東京〜博多間の「のぞみ」や東京〜新函館北斗間の

「はやぶさ」などです。

列車を選ぶ時は、自分が乗車する区間にできるだけ近い列車を選ぶことです。東京から新大阪までしか乗らないのに、博多行きに乗る理由は何もありません。定期列車なら車両だって同じN700系です。号数が200番代以降の、新大阪行きの「のぞみ」を最初から狙えばよいのです。

確かに長距離を走る列車は停車駅も少な目で、所要時間も一般的に短くなります。しかし、観光や帰省ならのんびり旅してもいいのではないでしょうか。盛岡などから「はやぶさ」に乗って東京へ戻る時、いつも仙台で一気に満席になります。向かい側に停まっている、仙台始発の「やまびこ」はガラガラなのにと思います。

大都市の方が人口が多いわけで

すから、平日、休日問わず、時間帯としては、東京や大阪といったターミナルから朝、出発する列車は混雑します。帰りは夕方〜夜に到着する列車です。それに対し、お昼前に発着する列車は空いています。

ただ、金曜日の夜遅くに大都市を出る列車、そして月曜日の朝早くに大都市に着く列車は非常に混雑します。「のぞみ」も、この曜日・時間帯に最大限増発されますが、それでも全列車満席で自由席もぎっしりなどという光景が日常化しています。これは、大都市に単身赴任していて週末は自宅へ帰る人、または仕事を終えて戻る長期出張者が、この時間帯に集中するからでしょう。

それに輪をかけて、金曜日は仕事を終えてから、観光地へ向かい、土曜日は朝から有効に時間を使おうなどという人々が加わります。確かに18時頃、東京駅から乗れば、京都の宿なら21時頃までには入れます。

昔は「臨時列車は空いている」とされ、「狙い目」といわれていましたが、特に東海道・山陽新幹線では、もうそんな傾向はありません。インターネット予約や「みどりの窓口」での空席検索では、定期列車・臨時列車関係なく一覧表示され、私もそうですが、だれも臨時列車だとは意識せずに「自分が乗る日に走っている列車」として利用しているからです。

在来線特急ではまだ多少、臨時列車の方が空いている傾向が残っているようですが、こちらも、臨時列車であることが明示されている時刻表で列車を調べるより、新幹線と同じく、インターネットで検索することが主流となって、区別されることも少なくなってきました。新幹線、在来線特急問わず、もし定期と臨時に多少の違いがあるとすれば、ローカル線の列車との接続が、定期列車を基本に組み立てられていることぐらいでしょうか。

最近では、寝台特急「サンライズ出雲」や、臨時夜行快速、あるいは、SL列車やJR九州の「D&S」列車（6-03参照）をはじめ、各地で運転されている観光列車の人気が高く、指定券確保の難関となっています。これらは「他に代わりがない列車」ですから、4-12を参考にチャレンジしてみてください。

4-**14** 《第4章 お得に、賢く列車に乗る方法》

好みの席を確保するには?

座席の位置はリクエスト可能。みどりの窓口で申し出よう

「海側の景色が眺めたい」「酔いやすいので、揺れない車両の中央付近がいい」と、座席の位置にはいろいろと注文があるものです。自由席なら乗り込んでから好みの空席を自分で探せばよいのですが、指定席の場合は、どうすればいいのでしょう。

JRの「MARS（マルス）」では、座席の列・席番を指定しての空席検索・予約発券が可能です。「1号車1番A席は空いているか?」といった注文を出しても、端末を操作する係員は応じてくれます。そこまで細かい注文ではなくても、だいたいの希望であっても、こちらからどんどんいえばOK。空席がある限り、好みの席は押さえてくれます。

「海が見たい」という漠然とした希望にも、できるだけ応じられる

よう、席を探してくれます。東海道新幹線なら、下り列車（博多方面行き）の進行方向に向かって左側がA席、右側がE席（グリーン車はD席）と決まっているので、「富士山が見える側」と言われればE席を指定すればよいのですが、在来線では全列車に共通する基準はありません。そこで最近では、市販されている「列車編成席番表」などの資料を窓口に備え、調べてくれるようになりました。もちろん、「ソロ」「シングル」といった個室寝台の上段下段も指定できます。

インターネット予約でも、座席の位置は指定できます。サイトによっては、シートマップを表示して自分で位置を指定できるところもあります。そこまでいかなくても、「車両の端付近」とか「A〜

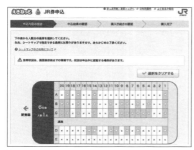

「えきねっと」の予約画面で表示されるシートマップ。空席が一目瞭然。

E列から選択」といったことができるサイトもあります。希望がないのなら、「どこでもよい」＝コンピュータにすべてお任せでも構いません。

指定席の発売状況は、発車時刻まで刻一刻変化しているため、あくまで目安ではあるのですが、たとえ「お任せ」であっても、シートマップが確認できるのなら、一度、予約する前に覗いておいて損はありません。「えきねっと」では、いちばん空席が多い号車がまず表示されますが、前後の号車の様子も一通り眺めてみれば、希望する列車の混み具合が一目瞭然でわかります。

また、全般的に空いているのに、同じ号車の中でひとかたまりになって席が発売済みになっていたら、「グループ客が乗ってくるな」ということも予測できます。

「お気に召すまま」といわれても、じゃあどこがいいのかわからないという方もいましょう。窓側か通路側かといわれれば、窓側を好む人が多いと思われます。昼間だと景色がよく見えるし、人の出入りにわずらわされることもありません。しかし、通路側にもメリットはあります。車内販売を呼び止めやすい、トイレに行きやすい、乗り降りに便利といった点です。夜の列車ならば、車窓はあまり関係ありません。

車両の端は、出口やトイレが近いという利点がありますが、揺れは中央部より大きいです。中央部の利点、欠点はその裏返し。すぐ降りるのなら端、長距離を乗るのなら中央部というところです。

私は、新幹線ではC席を愛用しています。3人がけシートの真ん中のB席は圧迫感があるので好まれず、最後まで売れ残っている場合が多いため、A席の人と2人でゆったりと両側の肘かけを使ってくつろげることが最大の理由です。同じ通路側でも2人がけシートのD席では、こうはいきません。

4-**15** 《第4章 お得に、賢く列車に乗る方法》

大丈夫? 座れる? 自由席

まず列車の編成と停車位置を確認すること

　自由席は文字通り、座席は指定されず自由にどこの空席に座ってもよいというものです。指定席より若干安く、予約なしでもすぐ乗れる代わりに、車両の定員関係なしに、何枚でも自由席特急券は発売されますから、当然、座席の保証はありません。

　JRの新幹線や特急には自由席があり、気軽にこうした列車を利用できるのですが、超繁忙期においてはいささか不安があります。長時間乗車するのに、指定席が取れなかった場合などはなおさら。座れるかどうか、やきもきしてしまいます。

　近年はマーケティングリサーチが徹底されていることもあって、各列車の自由席の利用者数もほぼ正確に読まれ、適正な両数設定になっているようです。JR各社も

柔軟に増結などを行っていますから、以前に比べて「何時間も立たされた」ということも少なくなってきました。しかし、自由席に確実に座りたいのなら、いくつかコツがあります。

　始発駅からなら自由席も比較的、座りやすいのですが、途中駅からだと、列車が到着するまでわかりません。何より早めに乗車位置に並ぶことです。

　そのためには列車の編成を把握しなければなりません。一般的な特急は普通車指定席、普通車自由席、グリーン車指定席の3種類の座席を設けていますが、自由席の位置は列車によって異なります。東海道・山陽新幹線の「のぞみ」は1～3号車が普通車自由席、4～16号車が指定席。そのうち8～10号車がグリーン車であるよ

157

■大丈夫? 座れる? 自由席／4-15■

LED式の乗車位置案内。東海道新幹線で使われているものです。

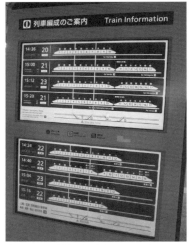

東京駅の新幹線の編成案内。自由席の位置が明示されています。

うに、おおむね列車の片側が指定席、もう片側が自由席とされているケースが多いです。しかし、途中で分割、併合をしていた名残りで、北陸本線の「サンダーバード」などは、編成の中央部に自由席が設けられていたりします。

　新幹線を含む特急列車の編成は、時刻表の巻末にまとめて掲載されていますから、乗車前に確認しておくのもよいでしょう。持っていなくても「みどりの窓口」には、まず間違いなくあります。

　また、駅によっては、待合室や跨線橋などに列車の編成案内表を掲示しているところもあります。そうした表がなくても、特急停車駅なら、ほとんどの場合、ホームに乗車位置案内があります。頭上に吊り下げられているものと、ホームに直接、書かれているものと、大きくわけて2種類ありますが、「自由席」の文字を確認すれば大丈夫。

　ただし、いろいろな特急列車が発着する駅では、数種類の案内があることもあり、色などで区別されていますので、乗車する特急の愛称、号数、編成両数などを確認してから並ぶこと。列車が到着してから、目の前に目的の車両が来ないことに気付き、あわてても遅いのです。

4-16 《第4章 お得に、賢く列車に乗る方法》

レール&レンタカーきっぷ

JRの割引率も大きい!

運賃が20% OFF、
特急料金・グリーン料金まで10% OFF

「自分は鉄道旅行派だ。絶対、自動車では旅をしないぞ!」と力が入っていたとしても、運転免許証を持っているのならドライブもたまには楽しいと思ってみてはいかがでしょうか？　目的地までは列車で移動すれば、渋滞に巻き込まれる心配はありません。目的地ではレンタカーを使えば、駅から離れた観光地でも楽に行けます。

「駅レンタカー」は国鉄時代から行われている事業で、現在はJR各社などの出資による「株式会社駅レンタカーシステム」が経営しています。文字通り駅から至近距離に営業所を置いて、鉄道との連携を特徴としている会社です。

そして「周遊券」亡き今、前身を含めると「**レール&レンタカーきっぷ**」は現存する最古級の割引きっぷといえるでしょう。このきっぷは**割引率が高く**、利用できる区間も幅広いのが特徴です。

利用する際の段取りは、以下の通りです。まず「駅レンタカー」の公式サイトからのインターネット予約か、予約センターへの電話予約で、車種や利用日、利用時間を指定してレンタカーを予約します。そして回答や予約番号を持って、駅の「みどりの窓口」へ行き、JRのきっぷとレンタカー券を同時に発券する「レール&レンタカーきっぷ」を購入するのです。

このきっぷを利用する、JR線側の条件としては、まず片道・往復・連続のいずれかの乗車券の要件を満たす（1-04参照）ルートで、営業キロが201km以上の区間を利用すること。そして最初にJRを利用し、出発駅からレンタカー

駅レンタカーは駅のすぐ近く

金沢駅の駅レンタカー営業所。駅出口からすぐの高架下にあります。

を使い始める営業所がある駅まで、最短経路で101km以上、離れていることも必要です。JRとレンタカーの利用行程も連続（乗車券のルート上に利用営業所がある）していなければなりません。

難しいようですが、例えば東京を出発駅とし、JRは熱海まで（営業キロ104.6km）の往復、そして熱海の駅レンタカー営業所で自動車を借りることにすれば、もう成立します。**乗車券の行き先＝レンタカーを利用する営業所の所在駅である必要はなく**、東京都区内〜大阪市内の片道乗車券に、熱海での駅レンタカーを付けてもOKです。発駅・着駅とも、JR駅であれば、どこでも構いません。

これで、同じ行程で旅する同行者を含めて、運賃が学割と同じ20％引き、「のぞみ」「みずほ」を除く特急列車の特急料金、グリーン料金まで10％引きになります（グランクラスや個室などを除く）。自由に利用区間を設定できる上に、グリーン車まで割安になる割引きっぷは、他にはほとんど見当たりません。

もちろん、レンタカーにも割安な「レール＆レンタカーきっぷ」向けの料金が適用されます。なお、他の多くの割引きっぷと同様、4月27日〜5月6日、8月11〜20日、12月28日〜1月6日は、JR線の運賃・料金は割引になりませんのでご注意を。

4-⑰ 《第4章 お得に、賢く列車に乗る方法》

旅行会社の「ツアー」も"使える"！

人気列車への乗車ツアーや、
宿がセットのフリープランもある

自由気ままな鉄道旅行に慣れてくると、スケジュールが決まりきっている旅行会社の「ツアー」を、ついつい無視しがちになるものです。確かに、自分でプランニングしたり、予約をしたりする手間もまた、旅の楽しみといえましょう。しかし時と場合によってツアーを利用してみれば、何かと便利で、割安な旅ができるものです。

例えば、全国各地の観光列車やSL列車など、指定券類が取りづらい人気列車にどうしても乗りたいと思うのならば、こうした列車に乗車する観光ツアーを探してみるのも、一つの手です。2人以上で申し込まないと割高になるなどデメリットも確かにありますが、列車の指定券はもちろん、旅行中の宿や食事もセットになっていま

すから、楽なものです。

一般向けのツアーではなく、鉄道好きな人々向けのツアーも、今ではかなりの数が見られるようになりました。人気列車や路線への乗車をはじめ、走行写真の撮影タイムがあったり、車両基地などふだんは入れない場所の見学が組み込まれていたりで、各社とも工夫を凝らしてファンを迎え入れています。えてして、こうしたツアーは旅行会社の担当者自身も鉄道好きであったりするので、中身の充実ぶりについても、ファンが納得できるものが多いと感じています。検討してみる価値は十分あると思います。

一方、旅行会社が販売しているツアーは、全行程添乗員がつき、貸切バスで観光地をめぐるといったものばかりではありません。

時にはツアーも便利

旅行会社が配っているツアーのパンフレットは実に数多く、目移りしそうです。

旅行会社の営業所の内外には、さまざまな種類のツアーのパンフレットがところ狭しと並べられています。ところが、よく見てみると、かなりの割合で表紙に「フリープラン」と入っていることに気付くことでしょう。

「フリープラン」とは、新幹線や飛行機など往復の交通機関とホテルや温泉旅館といった宿泊施設をセットにした商品で、添乗員は付きません。きっぷやクーポンだけ旅行会社で受け取ったら後の行動は自由で、指定された列車に乗り、指定されたホテルなどにチェックインすればいいだけです。現地でも自由に動けます。

中には「ビジネスプラン」「卒業旅行」などと銘打ったプランもありますが、宿泊施設がビジネスホテルであったりするだけで、あくまで宣伝文句。誰が利用しても構いません。

鉄道旅行派にとって嬉しいのは、九州や北海道などで使える、エリア内乗り降り自由な「フリーきっぷ」付きのものが、時にあること。これは一般には発売されていない種類のもの。つまり「フリープラン」利用者専用のきっぷであったりします。

「フリープラン」の利点には、オフシーズンに思い切った値引きが行われることもあります。往復の交通費程度の値段で、一流ホテルに泊まれたりします。

| コラム | 昔、懐かしい「周遊券」 |

　国鉄時代を知る、ある一定以上の年代の方には「周遊券」が懐かしく思い出されるのではないでしょうか？　私自身もそうですが、若き日の鉄道旅行に使った経験は皆さん、お持ちではないかと思います。

　観光旅行に便利なように、鉄道の乗車券だけではなく、船やバスなどのきっぷもひとまとめにして割り引くというきっぷは戦前から存在していましたが、国鉄の本格的な割引きっぷのスタートは、戦後の混乱も落ち着いた1955年に始まりました。

　この時、誕生したのが周遊割引乗車券。後の「周遊」です。最初に売り出されたのは、一般周遊券と呼ばれるもの。これは出発地から、日本各地に設定された「周遊指定地」を2カ所以上巡り出発地へ戻るという行程を、利用者が自ら考え、必要となる国鉄の乗車券、周遊指定地への会社線（私鉄、バスなど）の乗車券をまとめて購入すると、割引になりました。

　例えば、以下のようなルートです。〇が周遊指定地でした。
・東京都区内（国鉄）長野原駅（現在の長野原草津口）
・長野原駅（国鉄バス）〇草津温泉
・草津温泉（長野電鉄バス）〇湯田中駅
・湯田中駅（長野電鉄）長野駅
・長野駅（国鉄）東京都区内

　これで国鉄が2割引、長野電鉄バスなど会社線が1割引になったのです。有効期間は1カ月ありました。

　新婚旅行向けの「ことぶき周遊券」もありました。後に「グリーン周遊券」に改称され、最終的には発売条件としてグリーン車やA寝台を201km以上利用する必要がありました。しかし、グリーン料金や寝台料金も2割引になったのです。

鉄道旅行者愛用の「ワイド」「ミニ」

　一般周遊券は発券に手間がかかり、しかも旅行代理店でしか買えなかったので、より手軽に、国鉄の窓口でも買える周遊券として1956年に誕生したのが均一周遊券です。後に「ワイド周遊券」「ミニ周遊券」とし

一般周遊券は旅行代理店で販売。きっぷをセットにして、ひとまとめにして発行された。

て定着しましたので、そちらの名前で記憶している方も多いでしょう。

ワイド周遊券は、全国の主な都市を出発地として、北海道全域や九州全域といった自由周遊区間までの国鉄線往復（いくつかの経路が指定されていました）プラス、自由周遊区間内は有効期間中乗り降り自由というのが、基本的なスタイル。国鉄時代はたくさん走っていた急行の自由席を急行料金不要で利用することができましたので、夏休みなどに長期旅行する学生や、出張であちこち回るビジネスマンなどに愛用されました。

ミニ周遊券は、自由周遊区間を狭くする代わりに値段を安く、有効期間も短めにしたもの。1970年の日本万国博覧会以降の観光客の落ち込みを防ぐために、新たに発売されました。語呂合わせもあって、全国で「32（ミニ）」種類設定されたものです。おおむね、自由周遊区間の中心駅への往復運賃と同額であったため、首都圏が乗り降り自由だった東京ミニ周遊券などは、かなりの売り上げがあったそうです。

なお、どちらもA券片、B券片の2枚セットで、出発地から自由周遊区間で最初に下車する駅まではA券片。自由周遊区間内と出発地までの帰路はB券片を使うしくみでした。

売れなかった「ルート周遊券」「周遊きっぷ」

　一方、人気がある観光ルートを選び、それに沿った国鉄、会社線の乗車券をあらかじめワンセットにして割り引いた「ルート周遊券」も1972年に登場しました。非常に紐長いきっぷで、交通機関に乗るたびに必要な券片を切り取って渡す、珍しい方式でしたが、「立山黒部アルペンルート」などを除いて売れ行きは芳しくなかったそうです。

　国鉄末期には、相次ぐ値上げによる鉄道旅行離れを食い止めるため、ワイド周遊券の自由周遊区間内では特急の自由席を料金不要としたり、片道は飛行機を利用できる「立体周遊券」を発売したりするなどのテコ入れが行われました。立体ワイド周遊券は、鉄道、船、飛行機といった往復の交通機関を自由に選べる「ニューワイド周遊券」に発展的解消を遂げています。

　しかしJR化後、さらに多彩な割引きっぷが売られるようになって、相対的に周遊券の地位は低下し、販売成果も落ちていきました。そこで、従来の周遊券をすべて廃止統合する形で、1998年から売り出されたのが「周遊きっぷ」でした。これはすべてのJR駅を出発地とすることができ、出発駅から周遊ゾーンまでの「ゆき券」、全国に設定された周遊ゾーン内乗り降り自由の「ゾーン券」、周遊ゾーンから出発駅に戻る「かえり券」の3枚セットで発売されています。けれども、かつての周遊券のような人気は獲得できず、規模縮小を繰り返した後、2013年3月末で全廃されてしまいました。

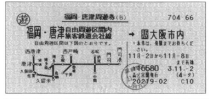
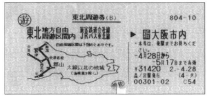

ワイド周遊券、ミニ周遊券の例。これらはB券片で、このきっぷで自由周遊区間を乗り降りできた。

予期せぬアクシデントへの対応

「あけぼの」乗車始末記

2014年の1月末。今は廃止されてしまった寝台特急「あけぼの」に乗ったら、悪天候に見舞われ、スケジュールも大崩れ。だが、購入した乗車券・指定券の変更やら払い戻しやら。図らずも「きっぷのルール」を説明するための、現在でも通用する良い実践例となったのであった……

タイミング良く入手できた人気列車の寝台券

注：この記事中の運賃・料金は、2014年1月の旅行当時のものです。

乗車当日に難関の指定券を確保
「ぐるり一周」乗車券を購入

これほど急に仕事が入るのは、あまりないことだけれど、1月30日の朝。翌31日の午後、盛岡市内で取材をすることが決まった。盛岡へは15時ぐらいまでに着けばよく、その日の午前中、外出する用があったついでにJR渋谷駅の指定席券売機（1-10）で、東京から盛岡までの新幹線自由席特急券を買っておいた。朝は余裕があるので、自由席がある「やまび

こ」でのんびり向かおうと考えていたのだ。

だが待てよ。今晩の「あけぼの」に乗ることができたら、好都合ではないかと思い返したのが、渋谷から帰宅する電車の中。上野～青森間を結ぶ寝台特急「あけぼの」は、2014年3月15日のダイヤ改正で定期運行を終えて臨時列車に格下げされる。ちょうど、別の出版社から「あけぼの」がらみの記事を頼まれていたところだ。実際に乗車してから書くのも悪くなかろう。「あけぼの」の終点・

《きっぷのルール"実践"ルポ～「あけぼの」乗車始末記》

上野駅での「あけぼの」。写真：Douglas P. Perkins(CC BY-SA 3.0)

　青森到着は9時52分だから、それから東北新幹線で盛岡へ向かえば取材にも影響はない。

　ただ、鉄道ファンの「お別れ乗車」などが多く、「あけぼの」は連日満席が続いていると聞く。発車当日で寝台が空いているだろうか。指定券は、指定した列車が発車する前なら、その時点で発売している、あらゆる列車の指定券へ一度だけ変更が可能だ。先ほど買った自由席特急券でも、差額を精算することで同様に変更できる（5-01）。

　最近、指定券の空席状況は「えきねっと」など、鉄道各社のインターネットサイトを通じて確認できる例も多い（1-09）。だが、残念ながら寝台券、特に個室寝台車は、そうしたサイトでは扱われていない。昔ながらだが、駅の「みどりの窓口」へ行くしかなく、自宅最寄りJR駅である武蔵溝ノ口駅に立ち寄ることにした。確保が難しい指定券を取るには、まず何よりチャレンジしてみること。そして変更や払い戻しされる席は必ずあり、空席状況は刻一刻、変動しているから、あきらめないことだ（4-12）。

　果たして、最初はすべての寝台・座席に空きがなかった。けれ

167

酒田駅で抑止（運転見合わせ）中

どもここは粘り腰だ。1時間ほどしてから今一度、「みどりの窓口」へ足を運んでみると、窓口氏が「あ、ソロが1室だけ空いています！」と、驚いてつぶやいたのであった。私自身、こういう引きの強さは何度か発揮しており、にんまりした。

　今宵のベッドが確保できたついでに、乗車券も購入しておく。運賃は「遠距離逓減制」（4-01）のおかげで、距離を長く乗れば乗るほど1kmあたりの運賃が割安になる。今回の乗車ルートは都合よく、ぐるっと一回りする片道乗車券にできる（1-04）。東京や上野から長距離列車に乗る時は、大井町からJR京浜東北線で発車駅に向かうのがいつものパターンだから、発駅は「東京都区内から」となる（2-03）。以下、「あけぼの」の運転経路通り、東北本線・高崎線・上越線・信越本線・羽越本線・奥羽本線・東北新幹線経由で、ひと筆書きの経路がぶつかる「大宮ゆき」の乗車券を、1万5540円で買った。盛岡では、このきっぷで途中下車（2-09）することになる。

　東京都区内〜青森間の往復運賃には、往復割引（4-01）が適用されるものの、それでも1万7760円

《きっぷのルール"実践"ルポ〜「あけぼの」乗車始末記》

列車代行バス。途中の休憩所で

だから、これで安くついた。経路からはみだす新青森〜青森間往復は別払いすればいい。帰路の大宮から先は「Suica」(1-08)で乗れば手軽だ。そうした細々した出費を加えても、駅弁代ぐらいはひねり出せている。

暴風雪のため酒田で抑止！きっぷの払い戻しが発生

無事に確保したB個室「ソロ」の上段に納まり、21時16分の定刻には上野を発車。車内改札も受け、22時48分発の高崎を出てから、就寝……。

翌朝。秋田到着20分前にあると予告された「おはよう放送」で目が覚めたのだが、なんと暴風雪のため約80分遅れで走っており、山形県の余目(あまるめ)を出たところ。日本海に沿って走る羽越本線は強風や雪の影響を受けやすく、「あけぼの」もしばしば運休や遅延することがある。

私が乗った列車もその後、徐行を繰り返し、定刻だと5時ちょうどに到着するはずの酒田に6時33分着。この先は風がさらに強いということで、とうとう動けなくなった。自然が相手なのでどうしようもないが、スケジュールが心配になってくる。

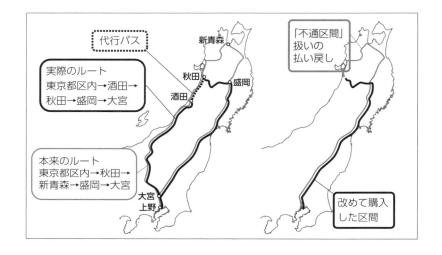

　結局、運転再開の見通しが立たないとのことで、秋田まで列車代行バス（5-08）が出ることになった。地元の会社からチャーターされた貸切バスには「JR東日本代行バス」と印刷された磁石の札が車体に貼られていて、この地方では悪天候で列車が運休し、バス代行輸送というパターンが珍しくないらしい。

　バスが酒田駅前を出たのが8時15分頃。嵐の中を突っ切って秋田駅前に到着したのが10時20分頃。「あけぼの」の秋田着は定刻なら6時38分だから、3時間40分ほど遅れての到着となった。秋田新幹線はほぼ定刻で動いているとのことで、盛岡へ行くことはできそうだ。

　しかし、それ以外の各方面への列車は軒並み運休となっていて、秋田駅はやや混乱気味。駅員がコンコースに折り畳み机を出して臨時精算所としていたので、「あけぼの」の特急・寝台券を差し出すと、特急料金分の3150円が「ご迷惑をおかけしました」との言葉とともに戻ってきた。不通区間発生により、特急券の全区間、乗車できなかった時のきまり（5-08）を適用してもらったことになる。寝台は朝6時まで使用しているの

《きっぷのルール"実践"ルポ〜「あけぼの」乗車始末記》

乗り間違えた「こまち32号」

で、寝台料金6300円は設備使用料金として払い戻しなし（5-08）と、これもきまり通りだ。

さて、乗車券はどうするか。秋田から先の経路は新青森経由だけれど、「あけぼの」に乗って通るのでなければ意味がない。秋田新幹線（田沢湖線）経由に経路変更（5-02）してもらえればいいのだが、「みどりの窓口」も大行列だ。そこで思い切って、秋田で旅行を中止（5-08）。秋田〜新青森〜大宮間は乗らないということにして、秋田〜盛岡〜東京都区内の乗車券を改めて買うことにした。

折り畳み机の臨時精算所で、そ

の旨、伝えてみると、改札口脇にある正規の精算所へどうぞ、とのこと。そちらには、きっぷの裏に記されている磁気情報を読み取れる端末があるからだろう。

旅行中止の場合、発駅から旅行中止を申し出た駅までの正規の運賃＋手数料210円を差し引いた額が払い戻しとなる（5-02）。私が持っている乗車券は運賃1万5540円だから、東京都区内〜秋田間の羽越本線経由の運賃9030円と210円を引いた6300円が戻ってくるものと思っていた。ところが「では、秋田から新青森回り大宮までの運賃、1万1030円をお返ししま

す」と窓口氏。ちょっと面食らっ
たが、奥羽本線の秋田〜青森間は、
この時、やはり暴風雪で運転を見
合わせており、鉄道が不通になっ
て乗車できない区間がある時のき
まり（5-08）の方が適用されたの
だった。

改めて旅をスタート。
ところが乗った列車が…？

　改めて、秋田から秋田新幹線・
盛岡経由東京都区内行きの乗車券
（9560円）と、発車時刻が近づい
ていた「こまち34号」の盛岡ま
での特急券を、こちらはほとんど
列がなかった指定席券売機で購入。
秋田新幹線の盛岡〜秋田間と東北
新幹線の盛岡〜新青森間は、走る
列車がすべて全車指定席のため、
自由席特急券と同額の特定特急券
が発売され、空席があれば着席で
きる（3-05）。しかし混雑してい
るのが目に見えているから指定席
利用として特急券を買い、新鋭
E6系の指定された席に、やれや
れと座り込んだのだ。
　秋田新幹線も暴風雪の影響でダ
イヤが乱れがちだったけれど、10
時56分の定刻から15分遅れぐら
いで秋田を出発。これで取材にも

間に合うと、ホッとひと息ついた、
その時……。
「ご乗車ありがとうございます。
秋田新幹線『こまち32号』東京
行きです…」
「え？」
　やってしまった。気が緩んで、
しっかり確認しなかった自分が悪
いのだが、うっかり直近の発車が
「34号」と勘違いして、特急券を
買ってしまったのだ。たまたま
「34号」で指定された席が「32
号」の秋田発車時点では空席で、
座っていた私も気付かなかった。
こうした場合は素直に車掌へ「誤
乗」を申し出て、自由席がある列
車なら自由席に移るなど、指示を
受ければよい（5-05）のだが、あ
いにく「こまち」は全車指定席。
特急券と特定特急券の差額は、1
月31日は通常期（3-02）ゆえ510
円だし、あきらめるとして、盛岡
まで約1時間45分。席がないと辛
い。けれども、そうそううまくい
くはずもなく、次の大曲で、早く
も私が座っていた席の本来の持ち
主が現れ、角館でまったく空席が
なくなった。しかたなく盛岡まで
1時間弱、デッキで過ごしたので
あった。

第5章

トラブル、
アクシデントに
遭ってしまったら?

慣れない旅先でアクシデントに遭うと、
ついついあわててしまいがち。
しかし、JRの規則では
きちんと対応が決まっています。

5-01 《第5章 トラブル、アクシデントに遭ってしまったら?》

旅行の予定が変わってしまった…
────きっぷを変更する時のルール①

指定券を含む乗車券類は、
乗車前なら1回だけ変更できる

週末、旅行の予定だったのが、仕事の都合で1週間延期…などというのはよくあること。買ってあったきっぷは、変更しなければなりません。きっぷを変更することを、使用開始前、使用開始後を問わずに「**乗車変更**」と呼びます。

ややこしいのですが、乗車変更のうち、きっぷを使い始める前に行うものを規則上、「**乗車券類変更**」といいます。手元にある乗車券や指定券など（乗車券類・1-03参照）を、他のきっぷに取り替えてもらうことからの呼び名です。

その際、基本的な制約が二つあります。一つ目は、同じ種類のきっぷにしか変更できないこと。乗車券を特急券にするような変更はできません。例えば特急券を持っていて普通車からグリーン車へ

（つまり特急券＋グリーン券へ）の変更ならできます。指定券（1-03参照）から指定券への変更は〝同じ種類〟になるからです。また、片道乗車券を連続乗車券へといった変更も、同じ普通乗車券同士となりますので、可能です。

座席が指定されない自由席特急券、特定特急券、急行券、自由席グリーン券を、指定券に変更することもできます。ただし、指定席から自由席への変更は基本的にできません。変更後の列車の指定席が満席の場合にのみ、自由席に変更できるきまりです。

二つ目は、**乗車券類変更は1回しかできない**ということ。変更後のきっぷには「**乗変**」と文字が入り、変更を行ったきっぷであることを示します。この文字があるきっぷを変更すると二度目となり、

174

いったん払い戻し（5-03参照）してから買い直しとなります。

乗車券や自由席特急券は有効期間が終了するまでが、変更の期限です。指定券は指定された列車が乗車駅を発車する時刻を過ぎたら、変更、払い戻しできません。

乗車券類変更を行う場合、手数料は一切不要です。変更前の乗車券類より変更後の方が高い場合は差額の支払い、変更後の方が安い場合は差額の払い戻しとなります。変更前が学割で変更後の乗車券も学割の条件を満たすならば、運賃は学割で計算してもらえます。

また、乗車券類変更を行う際、変更前後の乗車区間に対する制約はありません。「東京都区内から大阪市内ゆき」の乗車券を「札幌から小樽ゆき」の乗車券に変更しても差し支えありません。

指定券も同じで、変更前後の列車、区間がまったく違ってもOK。変更できる列車は、申し出た時点で発売されている列車に限ります。7月10日乗車の「のぞみ」の東京〜新大阪間の特急券を、7月10日の発車前に、8月10日の「はやぶさ」仙台〜盛岡間に変更することはできますが、8月11日の「はや

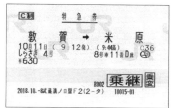
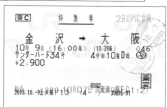

「乗車券類変更」をした指定券の例。下は2日以内に変更したことが表示されている（5-03参照）

ぶさ」へは、発売開始前なので変更できません。

なお、定期券、回数券、割引きっぷの乗車券類変更は基本的にできません。一度、払い戻してからの再購入になります。

特に、**割引きっぷには注意が必要**です。旅行の予定が完全な確定ではなく、変わることも考えられるのなら、どのような扱いになるのか、購入前に鉄道会社のサイトなどをチェックしておいた方がよいでしょう。払い戻し（5-03参照）自体は、手数料を支払えばできます。

《第5章 トラブル、アクシデントに遭ってしまったら?》

旅行の途中で予定変更!?
——きっぷを変更する時のルール②

もし、列車に乗った後で
予定を変えるには?

列車で得意先へ向かっている途中、携帯電話がブルブルと震えてメールが入り、別の得意先へも行ってくれ……ということも、あるかもしれません。使用開始前の変更である「乗車券類変更」に対し、旅客営業規則では乗車券類を使い始めた（改札口を通過した）後でも、きっぷの変更を行うことができるとし、その場合の取り扱い方法を定めています。

普通乗車券を使用開始後に変更することを「**区間変更**」と呼びます。一般的な区間変更としては、いわゆる「**乗り越し**」があります。券面に記された着駅から、さらに先へと行きたいケースです。

乗車券で乗り越した時は、元の着駅から新しい着駅までの運賃が必要となります。例えば「東京都区内から岡山ゆき」の乗車券で、

福山まで乗り越す場合。岡山〜福山間の運賃990円を支払う必要があります。勘違いされやすいのですが、東京都区内〜岡山間と東京都区内〜福山間の**運賃の差額ではありません**。

都区内・特定市内、または東京山手線内着の乗車券で乗り越す場合は、各市内などに含まれる駅で、乗り越す方向にある、いちばん端の駅からの運賃を払うことになります（4-03参照）。大阪市内ゆきの乗車券で堺市まで乗り越す場合は、杉本町〜堺市間の運賃130円を払えばよいのです。

ただし、乗車区間の**営業キロが100kmまでの普通乗車券で乗り越しをする場合は、差額を支払えばOK**です。例えば、熊本から久留米ゆきの乗車券（営業キロ82.7km・1680円）で佐賀まで乗

り越した時は、熊本から佐賀までの運賃2170円との差額、490円を支払えば大丈夫です。

また、発駅も着駅も大都市近郊区間（2-04参照）内にあり、経路もすべて大都市近郊区間である乗車券を持っていて、やはり大都市近郊区間内の駅まで乗り越す時も、差額計算となります。例えば東京から新宿ゆきの乗車券で三鷹まで乗り越したならば、東京〜新宿間の運賃200円と東京〜三鷹間の運賃400円の差額、200円を払うことになります。

区間変更には、ある駅を分岐点として別の方向へと向かうような変更もありえます。例えば先の「東京都区内から岡山ゆき」の乗車券で、姫路から播但線経由豊岡へ向かうような場合です。その際は、使わない区間と変更する区間の運賃を比較し、変更する区間の方が高い場合は、差額を支払う必要があります。ただし、変更する区間の方が安い場合は、払い戻しはありません。

例としたケースだと、姫路〜岡山間の運賃（1520円）と姫路〜豊岡間の運賃（1980円）を比較し、変更する区間の方が高いので

差額の460円を払えばよいのです。仮に和田山までの変更だとすると、姫路〜和田山間の運賃は1340円ですので、お金の精算はなしとなります。

乗り越しの場合と同様、元の乗車券が営業キロ100km以下の場合と、大都市近郊区間の相互発着の乗車券の場合は、やはり元の乗車券の運賃と、変更後の全区間の運賃の差額計算になります。

そして、こうした規則は、発駅・着駅はそのままで、途中の経路のみ変更する場合にも、同じように適用されます。「東京都区内から岡山ゆき」の乗車券で、姫路〜岡山間を山陽新幹線経由から姫新・津山線経由に変更するようなケースで、不足額は精算、過剰額は払い戻しなしというのもまた同じです。

なお、自由席特急券、特定特急券、急行券、自由席グリーン券でも、使用開始後の利用区間の変更や、指定席への変更が可能です。この場合、乗車券と同様変更前と変更後の料金を比較し、変更後が高ければ差額を支払えばOK。変更後の方が安くても払い戻しはありません。

5-**03** 《第5章 トラブル、アクシデントに遭ってしまったら?》

泣く泣く旅行中止に…
──きっぷを払い戻す時のルール①

きっぷを払い戻すには手数料が必要だが、
その金額を小さくする裏技とは?

　せっかく旅行を楽しみにしていたのに風邪を引いてしまって泣く泣く……などという、利用者の側の都合で旅行を中止する時、すでに買ってあったきっぷは払い戻しができます。

　まず、変更の時と同様、そのリミットは、乗車券や自由席特急券など指定を伴わないものは、有効期間が終了するまで。指定券は指定された列車が乗車駅を発車する時刻までとなります。改札口を通過しておらず、未使用であることが前提です。

　普通乗車券、回数券、自由席特急券、特定特急券、急行券、自由席グリーン券は、1枚につき手数料220円が差し引かれた額が払い戻されます。立席特急券は、列車が指定されていますので、払い戻しのリミットは発車時刻までとな

りますが、手数料は220円で変わりません。

　特急券（指定席）、指定席グリーン券、寝台券、指定席券は少し扱いが違います。まず、列車出発の2日前（前々日）までは、手数料340円を差し引いた額が払い戻されます。出発前日から発車時刻までは、額面の30%（最低340円）に跳ね上がります。例えば、東京～新大阪間の「のぞみ」の特急券（5810円）なら、1740円が手数料で引かれてしまいます。高いきっぷであればあるほど、"ダメージ"は大きくなりますので、できるだけ2日前までに払い戻ししたいところです。

　ならば、「もし乗車前日または当日に払い戻しするのなら、2日以上先の日付の指定券に一度、変更してから払い戻せば、手数料は

178

340円で済む」と考える向きもありましょうけれど、これはアウト。変更後の指定券には「乗車2日前以降に変更」といった表示がされ、払い戻す時の手数料は30％で計算されます。

　もし、手数料を安く上げたいのなら、快速などの指定席券にいったん変更してからにすれば、最低額の340円で済みます。本州・四国の各社の閑散期の指定席券は330円（「SL銀河」など一部観光列車を除く）ですので、さらに10円、手数料を節約できます。

　こうした指定席券を持っていて払い戻す時は「逆に10円取られるのか？」と心配になりますが、額面以上の手数料は取られることはありません。ただし、1円も戻ってこないからといって、きっぷを持ったままにしないこと。使わない指定席は「みどりの窓口」へ返却して、使う必要がある人に譲るべきでしょう。

　なお、特急券または急行券とグリーン券・寝台券・指定席券が1枚にまとまったきっぷを払い戻す時は、特急券・急行券分の手数料は不要ですので、ご安心を。山形新幹線「つばさ」や秋田新幹線「こまち」の特急料金は、新幹線と在来線のものを合算していますが、払い戻す時は1枚の特急券として扱います。学割や「ジパング倶楽部」など、割引証を使って購入したきっぷは、払い戻しをしても割引証は戻ってきませんので、気をつけてください。

　注意しなければならないのは、乗継割引（3-04参照）が適用された指定券を払い戻す時。使用開始前なら、新幹線と在来線など、2枚の特急券それぞれに手数料を払うだけのことですが、片方だけ使ってしまった場合が問題です。

　使ったのが新幹線など無割引の方なら、残った割り引かれた特急券の額面に対し、所定の手数料が引かれた金額が戻ってくるだけ。しかし、先に使い終えたのが割り引かれた方の特急券ならどうでしょうか？

　「手数料を引かれても、半額で在来線特急に乗れれば得だ」と思いがちですが、規則ではちゃんと、残っている特急券の額面から、「すでに利用した区間の無割引の料金－同区間の乗継割引の料金」と手数料がきちんと引かれることになります。

《第5章 トラブル、アクシデントに遭ってしまったら?》

旅に出てから旅行中止…
──きっぷを払い戻す時のルール②

旅行開始後、途中で中止しての払い戻しは、制約があるが可能

無事に旅行に出られたのはいいけれど、やはり何らかの都合で、途中で止めなければならない場合を「**旅行中止**」と呼びます。乗車しない区間の営業キロが100kmを超え、旅行を取り止めた駅で申し出た場合にのみ、乗車券については払い戻しを受けることができます。もちろんのこと、払い戻そうという乗車券の有効期間内に限ります。

払い戻し額は、元の乗車券の額面から、すでに乗車済みの区間の運賃を差し引き、さらに手数料220円を引いた額です。

例えば、東京都区内から大阪市内ゆきの乗車券を名古屋駅にて旅行中止とした場合。まず名古屋～大阪間の営業キロは190.4kmあるので、使ってない区間の払い戻しを受けることができます。東京～

大阪間の運賃8910円から引かれるのは、東京～名古屋間の運賃6380円と手数料220円。2310円が手元に戻ってきます。もし仮に、旅行を中止した駅が京都であるならば、京都～大阪間の営業キロは42.8kmしかありませんので払い戻しを受けることはできません。

また、乗車券の区間の中間で一部だけ〝中抜け〟で乗らなかった場合や、発駅の側で乗らなかった区間があった場合も、払い戻しを受けることはできません。後者だと、乗車券類変更で対応できるからだと思われます。私の経験では、宮崎から鹿児島中央ゆきの乗車券を持っていて、宮崎～都城間を乗らなかったことがありましたが、都城駅で都城から鹿児島中央ゆきの乗車券にすんなり変更して、それで終わりでした。

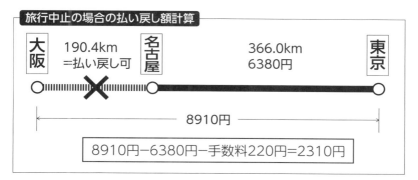

なお、往復乗車券の往路や連続乗車券の連続1の券を使用中に旅行を中止した場合、まだ使っていない方の券は、使用開始前の乗車券の払い戻し（5-03参照）と同じ扱いです。

往復割引が適用された往復乗車券の場合、差し引かれる運賃は、使用した区間の無割引のものとなります。例えば4-01で紹介した東京都区内〜明石間の往復乗車券（1万7620円）を、復路（帰り道）の大阪で旅行中止とした場合の払い戻し額は、東京都区内から明石までの片道運賃9790円と、明石から大阪までの片道運賃940円、手数料220円を引いた6670円です。「往復しなくなったことによって、往復割引を受けるために必要な条件を満たさなくなった」との考え方です。

払い戻しは駅の精算窓口で。

似たような例としては、普通回数券を一部使った後に払い戻すケースがあります。この場合、使った回数券の数×回数券の区間の無割引の片道運賃と手数料220円が引かれた額が払い戻されます。例えば、松江〜出雲市間（運賃590円）の回数券11枚つづりのうち、5枚を使った時点で払い戻すとすると、発売額は590円×10＝5900円ですが、ここから590円×5＝2950円と手数料が引かれ、2730円が返ってきます。

5-05 《第5章 トラブル、アクシデントに遭ってしまったら?》

列車を乗り間違えた! 乗り遅れた!

自分がミスをしてしまった時は、どうすればよいか

本人の名誉にはなりませんが、乗り間違いや乗り過ごしの"常習犯"のような人はいるものでして、私の知り合いにも、しょっちゅう自分が望まない方向へ行ってしまう人が……。

もし自分のミスで乗り間違え、乗り過ごし、乗り遅れなどをしまったような場合、規則上はどうなるのでしょう。

親切にも? 旅客営業規則には「誤乗」をしてしまった際の決まりがあります。それによると、**係員がその事実を認定したときは、乗車券の有効期間内に限って、直近の列車で誤って乗ってしまった区間を無料で戻ることができます。**これを「無賃送還」といいます。

大都市圏で頻繁に列車が運転されている線区では、いちいち係員（車掌になることが多いでしょう）に申し出ず、「しまった!」と次の停車駅で反対方向へ向かう列車に乗り換えることでしょう。それでいっこうに構いません。ただ長距離列車などだと、すぐには有効なリカバリー策を思いつかないことも多いでしょうから、まずは車掌に相談することをお勧めします。なお、**無賃送還中は途中下車できません。**

また、きっぷを間違って買ってしまうことも、ままあるかもしれません。短距離の乗車券だと「すみません」と駅員に申し出て、お金を返してもらっておしまい、ということも多いでしょう。長距離の乗車券だと規則上は、駅名が似ているなど「やむを得ない」と係員が認めた場合は、正当な乗車券に交換してもらえます。これは乗車券類変更（5-01参照）とは別の

扱いです。指定券にはこの扱いはなく、乗車券類変更で対応することになります。

指定券を買っていた列車に乗り遅れることも、しばしばあることです。私も新横浜駅行きのバスが大渋滞に巻き込まれてしまい、指定席を押さえていた「こだま」に乗れなかったことがあります。インターネット予約利用によって、どこからでも予約を変更できるようになってからは、このようなケースは減ったと思われますが、やはり注意しなければなりません。

こうした、利用者側に責任がある（JRの責任ではない）乗り遅れに対しては規則上は厳しく、指定券は無効になります。払い戻しもできません。来るのか来ないのかわからない利用者を待って、結局、空席のまま発車せざるを得なくなるからでしょう。

ただ、指定席の特急券の場合は、後続の特急列車の自由席に限って乗車できるという**救済措置**があります。この場合、そのまま自由席に乗ってしまっても、特にとがめ立てされることはないようです（先の「こだま」のケースも含め、

何回か私も経験があります）が、本来は駅で申し出て「自由席に変更、券面の乗車日に限り有効」などと書かれた印を特急券に押してもらってから乗るきまりです。あくまで救済措置なので、自由席が混雑しているなどの理由で指定席を利用したい場合は、改めて正規の特急料金全額が必要です。

全車指定席の「はやぶさ」「はやて」「こまち」「成田エクスプレス」「ひたち」「あずさ」などの特急券を持っている場合は、後続列車を立席で利用できます。ただし、後続の「はやぶさ」「こまち」に乗れるのは、「はやぶさ」「こまち」の特急券を持っていて乗り遅れた時のみです。

これはミスではないのですが、駅へ早めに来たら、指定席を取った列車より1本早い特急が発車前で、そのまま自由席に乗ってしまった……ということも、時にありそうです。こういう時は本来、窓口で1本早い列車の指定席に乗車券類変更を行うのがきまりですので、ご注意を。自由席特急券へ変更できるのは、5-01でも述べた通り、変更後の列車の指定席が満席の時だけです。

《第5章 トラブル、アクシデントに遭ってしまったら?》

5-06

きっぷをなくしてしまったら……

もう一度、同じきっぷを買って、見つかったら払い戻し

何万円も出して買ったとしても、きっぷは薄くて小さな紙でしかありません。どこかに挟んだまま、見当たらない……なんて経験もあるのではないでしょうか。JRの長距離旅行用のきっぷをなくした記憶はありませんが、私が紛失したいちばん高いきっぷは、学生時代の通学定期券。買ったばかりの6カ月定期を、今は亡き高松〜宇和島間の夜行急行「うわじま1号」の車内で、定期入れごとなくしてしまいました。

もし、きっぷを紛失してしまったら、旅行前なら駅、旅行中なら車掌に申し出て、**同じきっぷを再度、購入しなければなりません。**指定された列車に乗った後、指定券をなくしたと気が付いた場合は、その列車の車掌に申し出る必要があります。紛失したものが、ジパ

ング倶楽部などの割引で購入したきっぷであっても、無割引の運賃・料金を支払います。

いずれにしろ、きっぷを「なくしたまま」では、列車に乗ることはできません。1-01で紹介したように、きっぷは「輸送サービスを受けることができるという証明」ですから、証明を鉄道会社側に示すことができなければ、サービスを受けられないと心得てください。

同額のきっぷもありえます。領収書など「きっぷの代金を支払った証明」では証明になりません。

ただし、運賃・料金を二度払いしたことに対しては、JRも無慈悲ではなく、救済措置が決められています。

新たに買い直したきっぷには、紛失再発行を意味する「**紛失再**」という表示がされます。**この表示**

「紛失再」と「再収受証明」

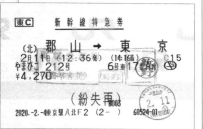

元のきっぷを紛失したため、もう一度、購入した特急券。きっぷの下に赤字で「紛失再」と表示されています。

左の特急券を使用した後、下車駅（東京）で「再収受証明」をしてもらったもの。これがあれば払い戻し可能です。

があるかどうかは、必ず確認してください。この再発行されたきっぷは、着駅で下車する時に、うっかり改札口で渡してしまってはいけません。駅員から注意されるとは思いますが、もう一度、お金を払ったという「**再収受証明**」という証明を下車した駅で受けて、きっぷは自宅へ持ち帰り、保管しておくのです。証明といっても大げさなものではなく、スタンプが押されるだけではありますが、これが大きな意味を持ちます。

そしてもし、なくしたきっぷが出てきたら、無事見つけたきっぷと再収受証明を受けたきっぷを両方持って、駅の窓口に行けば払い戻しを受けることができるのです。期限は再度運賃・料金を支払ってから1年以内。これは規則上、全国どこのJR駅へ申し出ても構わないはずですが、JR東日本の場合、なくしたきっぷを購入した駅へ申し出るよう、案内しています。

この時、後の「紛失再」の文字が入った、無割引のきっぷの方が払い戻されます。払い戻し手数料が乗車券などは220円、指定券は340円かかりますが、なくしたのは自分の責任ですので仕方のないところでしょう。

いちばん良いのは、きっぷをなくさないこと。保管場所を決めておくなど、日ごろからご注意を。

5-**07** 《第5章 トラブル、アクシデントに遭ってしまったら?》

運転見合わせ!?
──大都市圏でよくある「振替輸送」のしくみ

きっぷを持っていれば振替輸送してもらえるが、
IC乗車券では基本的にNG

残念ながら、いろいろな理由で首都圏を中心としたJR、私鉄、地下鉄の各線では「運転を見合わせております」という案内を受けることが少なくありません。復旧の見通しがすぐつけばよいのですが、人身事故などの場合、運転再開の目処が立たないこともしばしばあります。列車が運転できないという事態は、まとめて「**輸送障害**」とも呼ばれています。

輸送障害が発生した時に、「**振替輸送**」が行われることもよくあります。振替輸送とは、運転ができない路線に代わって、近くを走る迂回ルートに乗車してもらうというもの。利用者の立場から見て、「**振替乗車**」ともいいます。

振替乗車では、他社の路線にも迂回乗車できることが一般的です。もし、山手線が全線で運転見合わせという場合。品川から新宿へ行くのなら、まず京浜東北線に乗って東京で中央快速線に乗り換えるという、JR東日本だけのルートが取れますが、そういう区間は少ないので、東京メトロや都営地下鉄の路線などへも振替が行われます。例えば東京から巣鴨へ行くのなら、次善の策として東京駅近くの都営地下鉄大手町駅からも都営三田線で巣鴨へ行けるからです。

輸送障害が発生した時は、各社局は事前に結ばれている相互協定に基づいて振替輸送を実施するとともに、会社に関係なく、輸送障害の情報と振替乗車の案内を流すことになっています。改札口近くのディスプレイや、列車の発車案内機などに表示されます。

この振替輸送を受ける場合、いくつか条件があります。まず何よ

振替輸送が発生したら

振替乗車票

着駅　　　　　　　　駅
当日限り有効、途中下車できません。
着駅でお渡しください。自動改札機は
ご利用になれません。
　　　　　稲田堤　駅長

振替輸送を実施する時に、駅で渡される「振替乗車票」の実物。

輸送障害が発生し振替輸送を行う時は、会社に関係なく案内が流れます。

り、**事前に購入した乗車券を持っていること**。定期券や回数券でも構いませんが、「品川⇔新宿」や○○から170円区間といった、乗車区間や金額が明示されていることが大切なのです。もちろん、運転を見合わせた区間に関わる乗車券であることが必要です。ストップしているのが山手線なのに、横浜から品川ゆきの乗車券では振替乗車できません。

振替乗車できる他の路線は「東京メトロ全線、東急東横線渋谷〜横浜間、……」などと細かく指定されます。それ以外の区間には一切、振替乗車できません。

そして乗車券を輸送障害が起こっている鉄道会社の改札口で示すと、「**振替乗車票**」が渡されます。これを元のきっぷとともに持っていれば他社にも乗れます。首都圏などでは振替輸送する利用者の数も多いので、時には便宜的に元の乗車券だけで他社の路線にも乗れることもあります。いずれにしろ自動改札機は利用できません。

こうすれば、先の例でいうと、東京から巣鴨ゆきの170円のJR東日本の乗車券で、都営地下鉄の大手町から巣鴨まで、220円の区間ですが、乗車できるのです。1-01で説明した通り、きっぷを持っているということは、その利用者に対する輸送サービスを代金（運賃）と引き換えに鉄道会社が請け負ったということであり、請

け負った以上、サービスを提供する義務があります。なので、もし運転不能となってもできるだけ代替手段を提供しなければならず、振替輸送といったことが行われるのです。

このため、首都圏や関西においては盛んにPRが行われていますが、**SuicaやPASMOといったICカード乗車券では、定期券として使っている区間を除き、振替輸送は受けられません。**定期券の区間においては、磁気式定期券と同じく係員に見せれば大丈夫です。もし、振替乗車ができるルートであっても、改札機にタッチして出入りするとチャージから所定の運賃が差し引かれるだけです。

小難しい話ではありますが、ICカード乗車券で、いつ輸送サービスに関する〝契約〟が結ばれるかというと、規約によれば自動改札機にタッチした時。タッチする前は、何の契約も結ばれていないから、振替輸送も行えないという解釈のようです。また、システム上も、対応が困難と考えられているのでしょう。**もし、タッチして入場した後に運転見合わせを知って振替乗車区間へ向かうのなら、改札口の係員に乗車記録を取り消してもらわねばなりません。**

先の例だと、山手線東京〜巣鴨間に「乗るつもり」であっても、乗車券を購入していない以上、都営三田線大手町〜巣鴨間をICカード乗車券で乗れば、チャージから所定の運賃220円が差し引かれます。大手町〜巣鴨間を、220円払っている本来の都営地下鉄利用者とは別に、170円だけ差し引いて利用してもらうためには、振替乗車票とは異なる何らかの大規模なシステムや体制が必要となるからでしょう。170円で乗車したければ、あらかじめ東京駅で乗車券を買ってから、三田線の大手町駅へ行かねばならないのです。

乗るはずだった路線で輸送障害が発生し、振替輸送が行われているのなら、ICカード乗車券を利用するつもりであったとしても、とにかく改札口を通る前に、駅で乗車する予定区間の紙の乗車券を買ってから、自分の対応を考えることをお勧めします。5-08や5-09などで紹介する不通などのトラブルの場合でも、乗車券やその他のきっぷを持っていると、何かと有利に働きます。

5-08 《第5章 トラブル、アクシデントに遭ってしまったら?》

不通区間が発生!
——もしもの時のきっぷの決まり①

旅先で、天災や事故で
列車が運転できない事態に遭ったら

長年、あちこち旅をしていると、けっこう天災や事故などによって不通、列車の運転不能という事態に遭います。私は、振替輸送を利用した経験はほとんどないのに、不思議なものです。

不通区間が発生した場合、その区間を通過する乗車券類の発売は中止されます。大都市近郊ならば5-07のように振替乗車という手段が取られることが多いのですが、近くに迂回できる路線がなく、復旧までに時間がかかる地域の場合は、バスによる代行輸送を行うことが多くなります。巻頭でルポしている、「あけぼの」乗車時の羽越本線など典型的なケースですし、東日本大震災で大きな被害を受けた東北の太平洋沿岸の鉄道各線でも、バスによる代行輸送が行われていました。

「列車代行バス」の運転が始まれば、乗車券は「鉄道が開通したもの」と見なして発売が再開されます。文字通り、列車の代わりに運転されるものとの解釈です。一方、路線バスなどによる「代替輸送」も、三陸では行われていました。これは定期券や回数券のみJRのもので乗車できるという方法。JRの乗車券は発売されず、乗車には所定の路線バスの運賃が必要となっていました。

では、乗るはずだった区間が不通になってしまった場合、すでに買ってあった手元のきっぷはどうなるのでしょうか?

まず、出発する前の場合。完全に旅行を取り止めるのなら、運賃・料金は全額、無手数料で払い戻ししてもらえます。

問題は出発した後に不通区間が

発生してしまった場合です。その時は、規則で定められた主に5通りの方法のうちから、自分で一つを選ぶことができます。いずれの場合も手数料はかかりません。

まず、一つめ。**途中の駅で旅行を中止することができます。**巻頭ルポの時、私が秋田駅で旅行を中止したのが、このケースでした。

この場合、乗車券は「旅行を中止した駅から着駅までの運賃」、イコール「乗れなかった区間の運賃」が中止した駅で払い戻されます。巻頭ルポでは、秋田から大宮までの運賃が払い戻されました。元が学割などの割引運賃が適用された乗車券なら、中止した駅から着駅までの割引運賃が払い戻しとなります。すでに乗車した区間の運賃と手数料を差し引いて払い戻す、自分の都合で旅行を取り止めた時（5-04参照）とは逆になりますので、注意してください。

特急券、急行券、グリーン券、寝台券なども、不通区間発生によって一部または全区間、乗車できなかった場合は全額払い戻しとなります。ただし、全区間、乗車済みの指定券の払い戻しはありません。寝台券に関しては、朝6時まで使用できた場合も払い戻しされません。巻頭ルポの「あけぼの」では、6時33分に着いた酒田で代行バスに乗り換えましたので、寝台料金は払い戻されませんでした。この決まりは以下の方法を取った場合にも適用されます。

二つめは、「**有効期間の延長**」。指定を伴わない、乗車券、自由席特急券、特定特急券、急行券、自由席グリーン券に対する措置です。「ホテルに泊まって、台風の通過を待とう」などというケースで、きっぷを駅に預けておけば、不通区間の開通後、5日以内における旅行再開日の前日までの日数を、元のきっぷの有効期間に加算してもらえます。

三つめが、「**無賃送還**」と運賃・料金の払い戻し。「この先、旅行できないのなら、出発地へ戻る」という場合で、発駅まで無賃で戻れる上、支払った運賃は基本、戻った駅で全額払い戻しとなります。特急で来た場合は特急で、グリーン車で来た場合はグリーン車で戻れるという、律儀な決まりになっています。

ただし、すでに途中下車（2-09参照）をしていた乗車券の場合、

列車の運転ができない時

台風被害で一部区間が不通になった両毛線の代行輸送の様子。多くのバスが集められました。

払い戻される額は、最後に途中下車した駅から乗車券の着駅までの運賃となります。乗車券に押される**途中下車印は記念のための印ではなく**、こうした場合に備えて、「**この駅までは輸送サービスを提供した**」という証拠なのです。

四つめは「**他経路乗車**」。乗車券に表示された目的地（途中下車を予定していた駅を含む）まで、不通区間以外の最短経路に乗車できるという決まりで、やはり特急に乗っていた場合は他の経路でも特急に、グリーン車に乗っていた場合はグリーン車に乗れます。

この場合、旅行を終えた駅で、もともと支払った運賃と、実際に乗車した経路での運賃を比較し、過剰額が出れば払い戻し。不足額は請求されません。うっかりしていましたが私自身、巻頭ルポの時、「他経路乗車」を選んで秋田新幹線に乗っていれば、結果的に安くついたかもしれませんでした。

五つめは「**別途旅行**」。不通区間を高速バスなど、他の方法で旅行する場合で、乗車しなかった区間の運賃が払い戻されます。私も2005年の福岡西方沖地震の時、福岡市内から横浜市内ゆきの乗車券を持っていて、九州内の鉄道が全線不通になったため、博多〜下関間を高速バスで移動。このきまりの適用を受けました。

《第5章 トラブル、アクシデントに遭ってしまったら?》

乗るはずだった特急が来ない!?
──もしもの時のきっぷの決まり②

特急が運休、運転打ち切りとなった場合はどうなるのか

天災や事故で不通……とまではならなくても、乗るはずだった特急がダイヤの乱れなどの影響を受けて運休ということにも、しばしば出くわすもの。私の経験では、何と『鉄道ジャーナル』誌の取材で乗るはずだった、上野発高崎行きの特急「スワローあかぎ11号」が、車両故障で運休という目に遭いました。

この場合、5-08で紹介したように、旅行出発前に完全に乗車を取り止めるならば、運賃、特急料金などが全額、無手数料で払い戻しとなります。

ただ、路線が不通となった場合とは異なり、特急の運転本数が多い現在においては、ふつうは後続の特急が運転されるので、後続列車の基本的に同種の指定券に振り替え(変更)という措置もよく行

われます。「スワローあかぎ」の特急券も後続の15号に変更して、ついでに?取材対象も変更して、解決しました。

これも規則通りの取り扱いで、もちろん利用者の責任ではありませんから、一度変更した特急券でも問題なく振り替えてくれます。こうした扱いを「**事故列変**」ともいいます。振り替えの際、過剰額が出たら払い戻しで、不足額は請求されません。

特急が発車後、途中で先の運転ができなくなった(運転打ち切り)時や、先に乗った列車の遅れで接続列車に乗り継げなくなった時も、同様の措置が取られます。在来線の特急が単線区間の列車交換の影響で遅れ、本来、接続するはずの新幹線に接続できなくなるといったケースがよくあります。

新幹線は運転本数も多いので、接続駅で列車を待たせるより、振り替えてしまう方がダイヤを乱さなくてよいという考え方でしょう。

ただ、東京行きが品川・大宮・上野、上野行きが大宮、大阪行きが新大阪で運転打ち切りとなった時だけは別。特急料金などの払い戻しは、元の料金の額と打ち切り駅までの料金の額に差が生じた場合の差額のみとなります。

また、振り替えようとした先の列車の指定席が満席で、自由席に乗らざるを得なくなることもあります。その際は特例として、指定席の特急料金の半額が払い戻しとなります。自由席にも席がなく立ちっぱなしになることも考えられるため、「お詫び」という意味合いでしょう。指定席と自由席の差額を払い戻しと勘違いしないように。グリーン車から自由席への変更となった場合、もちろんグリーン料金は全額払い戻しです。

現在では稀なケースでしょうけれど、車両故障などによって、規則上の表現では「固定編成客車以外の車両」、つまりは特急用車両以外の車両で特急が全区間運転される場合は、特急料金は半額払い戻しになります。急行型車両が存在した時代には、それが充当されることがあったのです。

「ひかり」「こだま」などに乗っていて「のぞみ」への振り替え、「やまびこ」「はやて」などに乗っていて「はやぶさ」への振り替えも基本的にできませんが、JRが特に認めた場合は振り替えられることがあります。在来線特急が遅れたことを理由として新幹線へ振り替えることも規則上はNGではありますが、現実には私が乗っていた寝台特急「サンライズ瀬戸・出雲」が遅れ、上りの熱海から東海道新幹線へ振り替え、あるいは下りの姫路から山陽新幹線へ振り替えといった経験をしたことがあります。

要は、列車を預かる車掌と列車の運行と輸送を管理する列車指令が連絡を取り合い、できるだけ利用者に迷惑をかけないよう、柔軟にケースバイケースの対応が行われているのです。列車が運休、運転打ち切り、接続しなくなった時は、まず車掌の案内に注意することです。周囲には同じような境遇の人がたくさんいます。あわてず騒がずが一番だと思います。

《第5章 トラブル、アクシデントに遭ってしまったら?》

乗った特急が大幅に遅れた…
───もしもの時のきっぷの決まり③

2時間以上の遅れが出たら、
特急料金は払い戻し

「新幹線が2時間以上遅れたら、特急料金は全部、払い戻し」という決まりは、鉄道旅行のトラブルに対応する規則として、いちばんよく知られているものではないでしょうか? 列車ダイヤが乱れた時は、さほど鉄道に詳しくない人であっても、この規則についてSNSに書き込んでいるのを、よく見かけます。

確かに、**新幹線を含む特急列車が定刻より2時間以上遅れた場合は、特急料金が全額、払い戻しとなります**。自由席特急券、特定特急券であっても同様です。特急料金は3-01で解説したように、「スピード料金」としての性格があります。早く着くどころか、2時間以上も大幅に遅れて到着するとは申し訳ない、とのJR側の姿勢の現れでしょう。

この扱いを行うのは、特急券の着駅に到着した時、何時間何分、乗っていた特急が遅れていたかが基準となります。仮に、東京発博多行きの「のぞみ」が2時間5分遅れて新大阪に着いたが、その後、遅れが回復して博多へは1時間55分遅れで到着したとします。この場合、新大阪までの特急券を持っていた利用者は払い戻しを受けることができますが、博多までの特急券を持っていた利用者に払い戻しはありません。

その一方で、名古屋から新大阪まで、来た列車に自由席特急券で乗ったら、たまたまその列車が2時間以上遅れていたということもあるでしょう。この場合でも、実は払い戻しは受けられます。乗った時点や途中で何時間遅れていようと、その列車が目的地にどれだ

け遅れて着いたかが問題なので、その目的地で下車する乗客全員が対象になります。

　遅れないことでは世界的に定評がある日本の鉄道で、新幹線や特急が2時間以上遅れるというような事態は、私も何度か体験しましたが、おおむね天災や事故などによって、路線全体のダイヤが大きく乱れている時です。特急が1本だけ大きく遅れているような時は、後続列車や新幹線などへの振り替えがすぐ行われるからです。

　そのため到着駅も混乱しがちで、精算所には特急料金の払い戻しを受ける人の列がズラッと……ということになりがちですが、**特急料金の払い戻し自体は、乗車した日から1年以内であれば、全国どこのJR駅であってもできる**きまりです。これは5-08、5-09で紹介した規則に則って払い戻しを受ける時も同じです。

　急いでいるなど、その場で払い戻しの順番を待っていられない時などは、きっぷに「遅払証・○○（駅）」や「払戻し申出○年○月○日・1年間有効・××駅」といったスタンプを受けておけば大丈夫。特に、乗車した列車が特定できな

い自由席特急券の場合は、これが押してあれば払い戻しがスムーズです。

　なお、「列車が、どこの駅へどれだけ遅れて到着したか」ということは、きちんとJR側で記録が取られていますので、当日から時間が経っていても、ご心配なく。ただ、あまり関係ない駅へ払い戻しを申し出たりすると、駅員が面食らってしまうかもしれません。きっぷを買った駅か、遅れた特急を降りた駅あたりの窓口へ行くのが無難です。

　ダイヤが大きく乱れて、特急が軒並み2時間以上遅れている場合は、半額の「**遅れ承知**（正式には遅延特約）**特急券**」が発売されることがあります。これには、払い戻しを一切しないという条件が付きます。

　適用された例をあまり聞かないのですが、乗車した列車が遅れ、接続駅で乗り換えを予定していた列車に乗れなかったなどの理由で、本来の到着時刻より2時間以上遅れた場合、列車が運転不能となった時と同じく、旅行中止や出発駅への無賃送還を受けられる決まりもあります。

きっぷの
ルール
応用編②

トラブルに遭った時の心構え

　人間、トラブルに出くわすと平常心はどこへやら。どうしても、落ち着いた行動や思考ができなくなりがちです。しかし、慌てたり怒ったりしたところで問題は解決しません。まずは深呼吸。それから、どう対処するか、ゆっくり考えましょう。くれぐれも、見苦しい振る舞いをしないように心がけましょう。

まず情報収集

　「何が起こっているのか」をまず把握すること。情報源は改札口付近の掲示板、構内（車内）放送、鉄道会社の公式サイトです。個別に駅員や車掌へ質問しないこと。トラブル発生時に出せる情報は全部、出されていて、鉄道会社の社員といえども、それ以上のことは何もいえないと思って間違いないです。特に、事故や天災の時の運転再開見込みは「わからない」と考える方がベター。現場の状況は刻一刻変わっているのです。

自分で「どうするのか決断」

　駅員や車掌に「どうすればいいのですか？」と尋ねるのではなく、自分たちで判断すること。復旧を待つのか、旅行を中止して引き返すのか、決めるのはあくまで自分たち。他人ではないのです。

旅先ではゆとりを持とう

　遊びの旅行に出かけている時にトラブルに巻き込まれると「ついていない」と思ってしまいます。限られた休日ですから、なかなかゆとりも持てないでしょうけれど、ここは開き直って、「運転再開まで遊ぼうか」と考えるのも手。「きっぷのルール」を知り、どう対応しようかと逆に楽しめるようになったら、もう旅の上級者です。

「お得」に「長く」列車を楽しむ!?

「一日乗車券」をとことん使う！
～めざせ、東京の地下鉄"完乗"

1日乗車券は、乗れば乗るほどお得というけれど、どれほど乗れるのか？
「東京メトロ・都営地下鉄共通1日乗車券」は、東京の地下鉄が1日乗り
放題だ。
では、始発から終電までの間で、全線を完乗することは可能だろうか？
渋谷を起点にチャレンジしてみたが、その結果は……

究極の？お得をめざして

　東京の地下には地下鉄のネットワークが張り巡らされており、その総延長は、営業キロベースで東京メトロが9路線195.0km、都営地下鉄が4路線109.0km。合わせて13路線304.0kmにもなる。JR東海道本線に置き換えると、東京から豊橋の少し先にまで相当する距離だ。

　さすが首都で、毎日、ビジネス客、観光客など、数多くの利用客を集めているだけに、東京メトロ、都営地下鉄（以下、地下鉄と総称）それぞれに各種の1日乗車券

類が充実している。今回は、シンプルに地下鉄全線に乗り降り自由な「東京メトロ・都営地下鉄共通1日乗車券（900円）」を買い、実際に1日使って、どれだけお得になるのか検証してみた。

　どうせなら、全路線、全区間に乗車する「完乗」に挑んでみよう。さて1日で乗り切れるのか。ダメだったらダメでもいい。そういう「ゆるい」気持ちで、2020年2月22日の土曜日、自宅からもっとも近いターミナルである渋谷へ、始発電車で向かった。2020年1月3日には銀座線が新しい駅に移ったばかりで、話題性もある。

■乗った特急が大幅に遅れた…／5-10■

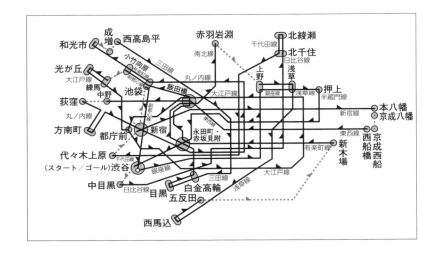

PASMOに1日券を載せる

　銀座線渋谷駅の自動券売機で、PASMOに載せる形で1日乗車券を購入。紙とは違い、ICカード専用改札機も通れるし、他社へ乗り越した場合もチャージ額から自動的に運賃を引き落としてくれる。

　5時41分発の銀座線からスタート。浅草へ向かう途中、ルールというほどでもないが「決して無理しない、駆け込み乗車などもってのほか」「各列車は先頭車に乗る」「各線の起点・終点駅では、最低限、改札口は出る」「別払いになるが、他社線で間をつなぐこともOK」と条件を心に決めた。

　浅草までは33分。都営浅草線で押上へ回り、半蔵門線で7時05分には渋谷へ戻る。行ったり来たりになるが、乗り換え回数を極力減らすのが完乗への近道だ。

　渋谷〜中目黒間は東急東横線で早くも「ショートカット」。しかし、中目黒で外へ出ても運賃は引き去られなかった。渋谷、中目黒とも東急と東京メトロの間には中間改札はなく、かつ東京メトロだけでも両駅間を行き来できるルートがある。1日乗車券を使ったと見なされ、こういう扱いになるようである。

移転して面目を一新した銀座線渋谷駅

中目黒は東急と東京メトロの共用駅で中間改札はない

中目黒からは日比谷線で一気に北千住へ

綾瀬～北綾瀬間は区間運転列車に乗車

休憩をはさみつつ…

中目黒から日比谷線で北千住へ。千代田線に乗り継いで、運転本数が少ない綾瀬～北綾瀬間の支線を先に「制覇」しておく。代々木上原へ達した時点でまだ9時30分。これで5路線を乗りつぶしたことになり、快調だ。都営浅草線で京急、半蔵門線で東武、千代田線ではJRの電車に当たり相互直通運転の広がりを感じたところで、いったんコーヒーブレークとする。

新宿へは小田急で回ったが、初めてチャージ額から157円引き落とされる。ここは改札口を通らないと、他社線へは乗り継げないからなと、納得した。

都営新宿線で急行に乗れたのはラッキーだった。びゅんびゅん飛ばして本八幡まで29分で走り、時間を節約。終点に着くと、なんとなく京成八幡駅へ回り、京成西船まで京成に乗る余裕もできる。

西船橋では11時24分発の快速に間に合い、これも幸運。途中、浦安に停まり、葛西では先行の各停も抜く。東京の地下鉄線内で、特別料金不要ながら通過駅がある4系統中、2系統にうまく乗れた。残る二つは都営浅草線のエアポート快特と副都心線の急行だ。

代々木上原へはJR東日本の電車で到達

都営新宿線では急行に乗れた

エチカフィット永田町

方南町への支線にももちろん乗車

早川徳次の銅像に挨拶できず

　中野へ乗り通せば東西線も完乗となるが、ちょうどお昼時。東京メトロのエキナカ「エチカフィット」で昼食にしよう。フードコートもある「エチカフィット永田町」へ行けば、改札内で食事もできる。アジフライ膳が1080円で、場所柄を考えればリーズナブルだ。

　飯田橋へ戻って東西線の残りを乗りつぶし、中野からはJR中央線で荻窪。そして丸ノ内線へと進む。中野坂上で乗り継いだ方南町への支線は、2019年に北綾瀬への支線ともども輸送力増強工事が完成。本線と同じ編成が営業運転できるようになっている。方南町から戻る際には、新型2000系の池袋行きに乗ることができた。

　荻窪、新宿から銀座を回って池袋へ、U字を描く丸ノ内線を乗り通す人はいないだろうが、こちらはひたすら地下鉄につきあう。ただ、銀座では途中下車。早川徳次の銅像には挨拶しておきたかった。現在の銀座線の前身である東京地下鉄道の創始者で「地下鉄の父」と呼ばれる人物だ。ところが、銀座駅は改装工事中で、仮囲いに覆われて銅像の所在がわからなくなっていたのは残念だった。

複雑な線路の所属

　時々地上に顔を出す丸ノ内線にはいやされたが、基本的に車窓風景がない地下鉄に乗り続けていると、ふつうの鉄道より疲れが溜まるように思う。池袋で二度目の休憩。これからまだまだ、厄介な路線が残っているのだけれど……。

　再開後、まず副都心線池袋駅から和光市行きに乗る。副都心線は、運転系統上は和光市〜渋谷間だが、実情は、和光市〜小竹向原間は有楽町線への乗り入れの形で、小竹向原〜渋谷間が、届け出られた線路の所属上の区間である。小竹向原〜池袋間では有楽町線とは別線を走るゆえ、こうなっているのだ。このことを頭に置いておかないと、後で差し支える。

　和光市からは、他線との接続駅がない区間が長い都営三田線の、終点・西高島平を目指したいところ。だが当然、バス利用になる。こういう時は各種検索サイトが便利で、成増からなら、頻繁に高島平方面行きの便が出ていることが簡単にわかり、助かる。都営三田線は、東武東上線との直通運転を前提に計画されていたが、実現し

東急の電車なのに都営三田線内しか走らない白金高輪行き

複雑な所属線区を表す目黒駅の自動券売機

ていれば楽だった……と、夢想してもしょうがない。

目黒〜白金高輪間はどっち？

　東急の電車なのに自社線には戻らない白金高輪行きに乗り、日吉行きに乗り継ぐ。白金高輪〜目黒間も複雑で、線路の所属は東京メトロだが、都営地下鉄も営業する権利を持ち、どちらの1日乗車券も使える。この区間だけを乗る場合は安い方（現在は東京メトロ）の運賃が適用されるが、南北線方面、都営三田線方面へ乗り通す場合は、乗車区間の営業キロに対し、それぞれの運賃が必要だ。

乗りつぶしの場合は考えどころだが、南北線、都営三田線直通列車に乗れば、各々の路線に乗ったことにする。日吉行きは南北線からの列車。折り返し西高島平行きに乗り、双方乗車済みとした。赤羽岩淵行きに乗り換え南北線も完乗。もうすっかり日も暮れた。

都営浅草線の浅草では、少し待てば羽田空港行きのエアポート快特が来るのがわかったが、泉岳寺での接続が悪く、先に来た西馬込直通に乗る。この頃になると、だんだん気が重くなってきた。「大物」がまだ残っているからだ。果たして完乗できるのか。楽に構えていた朝とは、ずいぶん気の持ちようが変わってきていた。

大江戸線一周にどれだけかかる？

夕食どころではなくなり、西馬込から五反田経由で新木場へ急ぐ。りんかい線（東京臨海高速鉄道）も東京都が90％以上を出資している鉄道会社だが、都営地下鉄ではないことが幸いに思えてきた。東京には地下鉄以外、JR横須賀・総武快速線やつくばエクスプレスなどの地下線があるが、それらにまで手を広げていたら、とても1

浅草から西馬込直通列車で先を急ぐ

新木場では西武直通電車に間に合う

日で完乗など無理と覚る。

新木場で西武直通電車に乗れたのはありがたかった。小竹向原まで行けば、小竹向原〜和光市間は先ほど乗ったから有楽町線完乗となる。そのまま練馬まで乗り通すと、改札口では西武有楽町線（小竹向原〜練馬間）の運賃147円だけがPASMOから引き去られた。

さて、大江戸線だ。営業キロは40.7kmもある。東京の地下鉄では最長で、この線を最後の方まで残すのではなかったと後悔しても遅い。もはや毒食らわばの心境で、練馬から光が丘へいったん向かってから、21時32分発で折り返し、

「一日乗車券」をとことん使う!～めざせ、東京の地下鉄"完乗"

ようやくたどり着いた都庁前駅

もう深夜で都庁前駅は人影も少なかった

副都心線の東急直通列車でゴール

一周しにかかる。どれだけ時間がかかるか、調べる気にはならない。1時間半ぐらい？というあいまいな記憶だけが頼りだった。

無事？渋谷へ戻る

今日、何度も通ったような駅名を眺めつつ、大江戸線の電車はひたすら各駅に停車してゆく。こちらは退屈との戦いだ。両国発が22時31分。1時間以上も、しかも全線地下の地下鉄の電車に乗り通したのは、生まれて初めての経験だったかもしれない。

結論は、都庁前に戻ってこれたのが22時57分。東京の夜は長い。

「勝負」は終わった。

朝帰りの眠そうな客が乗っていた早朝の銀座線とは反対に、まだ元気でハイテンションな客で埋まった深夜の山手線外回りで池袋へ向かい、最後となった副都心線の残存区間（池袋～渋谷間）でフィニッシュ。渋谷着23時48分。かろうじて日付をまたがずに済んだ。

寄り道や休憩は多かったが、こうして、1日で東京の「地下鉄完乗」は可能とわかった。後になって気がついたが、中野坂上と小竹向原でいったん改札口を出ることを忘れていた。ご容赦願いたい。乗車した列車は40本。計算してみると、いちいち運賃を払っていたら地下鉄だけで5227円かかったところを900円で乗れたことがわかった。お得なのは確かではあるけれど、ここまでやることはなかったのでは……というのが、正直な感想である。

東京メトロ＆都営地下鉄「完乗」の旅・行程 (2020年2月22日・土曜日)

乗車区間				乗車路線	運賃(IC)	運賃(参考)	(備考)
発		着					
渋谷	5:41	浅草	6:14	銀座線（完乗）			
浅草	6:21	押上	6:25	都営浅草線		318円	渋谷～押上
押上	6:34	渋谷	7:05	半蔵門線（完乗）		242円	
渋谷	7:11	中目黒	7:16	東急東横線・各停	0円		
中目黒	7:24	北千住	8:08	日比谷線（完乗）			
北千住	8:18	綾瀬	8:22	千代田線			
綾瀬	8:32	北綾瀬	8:36	千代田線支線（完乗）		283円	中目黒～北綾瀬
北綾瀬	8:38	綾瀬	8:42	千代田線支線			
綾瀬	8:50	代々木上原	9:30	千代田線（完乗）		283円	北綾瀬～代々木上原
代々木上原	9:56	新宿	10:03	小田急小田原線・各停	157円		
新宿	10:20	本八幡	10:49	都営新宿線（完乗）		377円	
京成八幡	11:04	京成西船	11:14	京成本線・各停	157円		
西船橋	11:24	飯田橋	11:54	東西線			
飯田橋	12:00	永田町	12:06	南北線　※エチカフィット永田町へ		283円	西船橋～永田町
永田町	12:35	飯田橋	12:41	有楽町線			
飯田橋	12:48	中野	13:02	東西線（完乗）		199円	永田町～中野
中野	13:10	荻窪	13:16	JR中央線・各停	157円		
荻窪	13:18	中野坂上	13:28	丸ノ内線			
中野坂上	13:33	方南町	13:39	丸ノ内線支線（完乗）		199円	荻窪～方南町
方南町	13:49	銀座	14:17	丸ノ内線　※早川徳次像にあいさつ		242円	
銀座	14:29	池袋	14:48	丸ノ内線（完乗）		199円	
池袋	15:11	和光市	15:30	副都心線～有楽町線		242円	
和光市	15:44	成増	15:51	東武東上線・普通	147円		
成増駅北口	16:00	西高島平駅前	16:13	国際興業バス・高01系統	220円		
西高島平	16:24	白金高輪	17:11	都営三田線			
白金高輪	17:14	目黒	17:19	南北線		377円	西高島平～目黒
目黒	17:25	白金高輪	17:30	都営三田線（完乗）			
白金高輪	17:33	赤羽岩淵	18:07	南北線（完乗）		283円	目黒～赤羽岩淵
赤羽	18:22	上野	18:33	JR高崎線・普通	168円		
上野	18:44	浅草	18:49	銀座線			
浅草	18:54	西馬込	19:27	都営浅草線（完乗）		370円	上野～西馬込
西馬込	19:42	五反田	19:50	都営浅草線		220円	
五反田	19:54	大崎	19:55	JR山手線・内回り			
大崎	20:01	新木場	20:20	りんかい線	534円		五反田～新木場
新木場	20:24	練馬	21:12	有楽町線（完乗）～西武有楽町線	147円	283円	
練馬	21:19	光が丘	21:25	都営大江戸線		178円	
光が丘	21:32	都庁前	22:57	都営大江戸線（完乗）		272円	
都庁前	23:03	新宿西口	23:05	都営大江戸線		178円	
新宿	23:12	池袋	23:21	JR山手線・外回り	157円		
池袋	23:31	渋谷	23:48	副都心線（完乗）		199円	
				合計	1844円	5227円	

第6章
旅先の楽しみと
旅のヒント

工夫次第で、旅は楽しく、豊かになります
鉄道旅を「旅」にするための、
いろいろなヒントを集めました。
自分だけの旅の楽しみ方を、
ぜひ見つけてください。

6-01 《第6章 旅先の楽しみと旅のヒント》

使いこなせると便利！
——時刻表

インターネット検索が普及しても、時刻表ならではの見やすさがある

　鉄道旅行に出るとなると、計画を立てるにしろ、実際に旅に持って出るにしろ、昔は書店で「**時刻表**」を買ってくるのが当たり前でした。国鉄がJRになってからも、交通新聞社の「**JR時刻表**」とJTBパブリッシングの「**JTB時刻表**」という、長い歴史を持つ2種類の大型時刻表がシェアを分け合い、毎月発行され続けています。

　その他にも大小合わせて数種類の時刻表が発売されています。全国版であれば極端に大きな内容の違いはないので、手に取ってみて、お好みのものをどうぞ。

　「時刻表の見方がわからない」という向きもあるようですが、〝手順〟は簡単です。まず、巻頭に「索引地図」がありますので、自分が乗りたい路線を探し、何ペー

ジに掲載されているかを調べます。大型の時刻表では、そのページに、路線の全駅と、走っている全ての列車が掲載されています。ひと塊になって縦にずらっと並んでいる時刻の列が、1本の列車の各停車駅の発車時刻を表しているのです。「時刻表とて〝表〟」と考えればいいと思うのですが……。

　最近では、各鉄道会社の公式サイトや、「交通ナビゲーション」専門の無料・有料サイトが充実しており、以前のように「時刻表が頼み」ということも少なくなりました。私自身、取材のスケジュールを組むときなどは、今でも時刻表のページをめくっていますが、タブレット型情報端末を買ってからは、長旅であっても時刻表を持ち歩かなくなってしまいました。それゆえ、世間一般の傾向も推し

て知るべしです。

　しかし、時刻表は使いこなせると便利です。何よりの利点は、その路線の列車運転体系が把握できること。特急、普通がそれぞれ何分間隔、どこからどこまで運転されているかなど、路線の全容がわかります。これはインターネット検索ではつかめない点です。

　例えば、A駅からC駅まで行く時、途中で列車を乗り継ぐ必要があるとします。インターネット検索だと単純に、途中のB駅で乗り換える、A駅発・B駅着〜B駅発・C駅着の時刻が示されます。仕事で東京都区内を巡るぐらいなら、それで差し支えありません。

　しかし、青春18きっぷ（4-07参照）と普通列車を駆使して長距離旅行をしようという時など、これでは「上手な旅」ができないこともあります。なぜかというと、C駅行きとして示された列車が、実はB駅ではなく、A駅とB駅の間にあるX駅始発であったりするからです。これはインターネットではわからないところ。途中停車駅のB駅から乗るより、始発のX駅から乗る方が、座れる確率が高いのは間違いありません。

「JR時刻表」と「JTB時刻表」が二大メジャー時刻表。長い伝統を持っています。

　インターネットサイトが提示するのは、あくまで「乗り継ぎ案」です。それほど親切でもありません。「確実に座りたい」とか、「旅の途中で、ぶらり途中下車を楽しみたい」などという**旅の要素が加わってくると、時刻表の出番があるのです。**

　なお、厳密にいえば、JRの時刻は毎月変わっています。旅行をする時には、その月の時刻表を用意するのが無難でしょう。しかし、毎月買うのは高くついて辛いというのなら、臨時列車は四季ごとの設定ですので、ダイヤ改正号を別とすれば、春夏秋冬、各1冊ずつでもいいでしょう。

6-02 《第6章 旅先の楽しみと旅のヒント》

「サンライズエクスプレス」に乗りたい!

毎日走る最後の寝台特急
寝台はすべて個室

新幹線や空路がまだ未発達だった時代には、夕方〜夜に出発して、眠っている間に移動し、翌朝に目的地へ着ける夜行列車は、日常的かつ合理的な移動手段として、全国の幹線を走っていました。しかし、新幹線の延伸などもあって、時代が平成に変わった頃からは衰退傾向となり、あれよあれよという間に本数が大きく減ってしまいました。

現在、毎日運転されている夜行列車は寝台特急「サンライズ瀬戸」（東京〜高松間）と「サンライズ出雲（東京〜出雲市間）だけになってしまいました。この2本は東京と岡山の間は連結して走ります。実用的な寝台特急としては、最後の存在となったこの列車には、「サンライズエクスプレス」という愛称を持つ、2階建ての285系

寝台電車が使われています。人気は高く、金曜日東京発の寝台券の入手は困難だとささやかれています（4-12をご参考に）。

この列車の寝台はすべて個室になっています。最上級にあたるのが個室A寝台車「シングルデラックス」。2階部分に6室だけあり、室内には洗面台やデスクも備わっています。

広めの1人用B個室「シングル」がいちばん数も多く、主体になっています。2階、1階、それぞれに配置されていますので、お好みに合わせてどうぞ。B個室「ソロ」は「シングル」より手狭ですが、寝台料金が若干割安です。

2人用の個室としては、「サンライズツイン」と「シングルツイン」があります。「サンライズツイン」はベッドがふたつ並行に並

あこがれのサンライズエクスプレス

出雲市駅に到着した「サンライズ出雲」。午前中に着くので、観光にもビジネスにも便利です。

「サンライズエクスプレス」の個室A寝台「シングルデラックス」。

んでいます。「シングルツイン」は2段ベッド。この部屋は天井が高くゆったりしています。1人で利用することもできます。

「ノビノビ座席」はカーペット敷きで、寝台ではなく座席の扱い。寝台料金不要で、特急料金だけで横になって利用できるので格安旅行派に人気があります。

　列車内にはシャワールームもあって、330円のシャワー券を自動券売機で買えば、予約などなしで利用できます。人気があって売り切れてしまうことが多いので、乗ったらすぐ確保しておきたいものです。シャワーの側には待合室を兼ねたミニラウンジもあり、気分転換もできます。

「サンライズ瀬戸・出雲」の他には、青春18きっぷ（4-07）が発売されるシーズンなどに運転される臨時快速列車が貴重な存在。「ムーンライトながら」は東京と岐阜県の大垣の間を結ぶ列車で、全車指定席なので530円の指定席券を購入すれば、青春18きっぷでも乗れます。車両は特急にも使われているもので、リクライニングシートを装備しています。

　2020年5月に運転を開始する「WEST EXPRESS 銀河」は、運転日限定ですが、ベッドとして使える座席を備えた、新しい形の夜行列車として期待されています。

6-03 《第6章 旅先の楽しみと旅のヒント》

「SL列車」や「観光列車」に乗るには?

JRが運転している列車ならば、
乗車方法は基本通り

国鉄時代の1979（昭和54）年に運転を開始した老舗の「やまぐち」や、蒸気機関車の動態保存運転の草分けである大井川鐵道の「SL急行」（1976年運転開始）など、全国でSL列車が盛んに運転されています。

SL列車に乗りたいという場合、JR各社が運転している列車であれば、乗車方法は一般的なルール通りです。つまり、いずれも列車としての種別は「快速」。そして全車指定席となっているので、乗車券＋指定席券で乗車できます。グリーン車を連結している列車もあります。乗車券は、利用期間中であれば青春18きっぷでも構いませんし、その他の割引きっぷでもOKです。極端な例ですが、JR東日本が高崎〜水上間で運転している「SLみなかみ」などは、運転区間がすべてSuicaの利用エリア内。指定席券を用意すれば、あまり似つかわしくはない気がするものの、ICカード乗車券で乗車しても差し支えありません。

指定席券の発売場所（1-05参照）や発売開始日（1-06参照）も、一般の列車とまったく変わりありません。ただし、JR北海道とJR九州が運行するSL列車、およびJR東日本「SL銀河」の指定席料金は、他の列車より割高な840円と設定されています。一種の「観光列車料金」ですが、指定席料金の特例としての扱いです。

なお、私鉄・第三セクターの大井川鐵道、真岡鐵道、秩父鉄道のSL列車に乗る場合も、基本的にはJRとそう変わりなく、SL急行券や乗車整理券といった名称の、追加料金券を購入することになり

SL列車・観光列車

2009年4月25日に運転を始めた、肥薩線の「SL人吉」。

宮崎駅のみどりの窓口前に置かれた「海幸山幸」の空席状況。

ます。真岡鐵道の整理券はJR東日本のみどりの窓口でも購入できます。

蒸気機関車が牽引する列車だけではなく、JR九州の「あそぼーい！」「海幸山幸」やJR北海道の「ライラック旭山動物園号」など、各地では旅行シーズンを中心に、さまざまな趣向を凝らした**観光列車**が走っています。これらに乗車したい時も、基本的には一般の列車と同じです。「あそぼーい！」などがそうですが、「特急」と種別が設定されていれば、乗車券＋特急券で乗車できます。羽越本線を走る「海里」など、快速・普通と設定されている列車の指定席に乗るには、乗車券＋指定席券です。

観光列車の特急料金、指定席料金も通常通りの額です。ただし、「あそぼーい！」の展望席と、親子用の「白いくろちゃんシート」は通常期の指定席の特急料金の210円増し（通年同額）と設定されているなど、例外もあります。

こうしたSL列車、観光列車の人気は高く、夏休みなどはすぐに席が埋まってしまうこともあります。ただ、空席がある場合は、みどりの窓口の前に「○○号の空席状況」といった案内が出されていることもありますので、旅行スケジュールに余裕があれば、思いつきで乗ってみても面白いでしょう。

6-**04** 《第6章 旅先の楽しみと旅のヒント》

旅先で何を食べよう?

レストラントレインが花盛り
駅弁や駅前食堂の楽しみも

海外を旅行していると、日本ほど外食産業に恵まれた国はないと思うこともしばしば。「食」は旅の大きな楽しみでもあります。

数えるほどしか乗降客がなさそうな無人駅のすぐ近くに、今やコンビニが店を構えていたりします。35年ほど前の高校から大学生にかけての頃、私も〝鈍行旅行〟を繰り返していたのですが、日が暮れると開いている店はなくなり、ひもじい思いをしたことが何度か。けれど現在では、都市部であれば「食いはぐれ」ということはまずなくなったといえましょう。駅周辺には何もなくても、国道沿いに出れば、全国チェーンの飲食店が軒を並べていたりします。

昔は、鉄道旅行における食といえば食堂車でした。高い、まずい、

といわれていましたが、それでも昭和50年代ぐらいまでは、全国の主な特急には必ず食堂車が連結されていたものです。私は、その最末期になって、何とか食堂車に座れるだけの資金力ができ、特急「雷鳥」や寝台特急「富士」などで食事を楽しめました。しかし、今は、そういう経験もできなくなってしまいました。

一般的な食堂車を営業するJRの列車はなくなりましたが、代わって今、全国的に流行しているのが「レストラントレイン」などと呼ばれるものです。

走る列車内で食事を楽しむこと自体をコンセプトにした列車で、地域の特産品を活かし、地元出身の有名シェフが監修した料理を出すなど、旅とグルメを結びつけ人気を集めています。例えばJR東

212

食堂車や駅弁は旅の楽しみ

東北地方の「走るカフェ」、「フルーティア」で提供されるスイーツ

三陸鉄道久慈駅の「うに弁当」。人気が高く売り切れもしばしば。

日本が八戸線を中心に運転している「TOHOKU EMOTION」、磐越西線などで運転されるスイーツとカフェを楽しむ列車「フルーティア」などが代表的。第三セクター鉄道でも、肥薩おれんじ鉄道の「おれんじ食堂」、しなの鉄道の「ろくもん」などが走っています。これらはツアー専用列車でふつうのきっぷでは乗れず、旅行代理店などへ申し込む必要があります。

東北新幹線「はやぶさ」などの「グランクラス」では、軽食や飲み物が専任アテンダントから無料で提供されます（サービスが一部省略され、安めの料金が適用される列車を除く）。特に軽食の料理には、豊かな郷土色を感じさせる工夫がしてあり、旅の趣が増します。2015年春の北陸新幹線金沢開業時には「かがやき」「はくたか」へも同様のサービスが拡大されました。

販売員がワゴンを押して車内を巡回してくる「**車内販売**」も、最近は大幅な縮小傾向にあります。新幹線「こだま」では全廃された他、中部・中国地方の特急列車などでも姿を消してしまいました。しかし、飲み物などを自分の座席まで運んできてくれるサービスはありがたいものです。首都圏の普通電車のグリーン車では、小さなかごに飲み物を入れて、アテンダ

東北のあるローカル駅近くで見つけた駅前食堂。飾らない店にこそ美味があります。

ントが巡回してきます。

　食堂車や車内販売といった、列車内での供食サービスが姿を消しつつある一方、最近の駅における飲食店や各種売店の充実ぶりには目を見張らされます。コンビニや大型売店がある駅は当たり前。品揃えは車内販売より多く、ちょっとした旅行用品もあります。私の最近の経験では、デジタルカメラ用のマイクロSDカードが容量いっぱいになってしまい、あわてて北陸本線小松駅内のコンビニに駆け込んだら、あっさり入手できたということがありました。

　首都圏では「**エキナカ**」と称し、駅の改札内に"商店街"が形作られています。軽く休憩できるカフェから、かなり本格的なレストランまで、店の種類もさまざま。

　そうした中で昔からある「**駅弁**」も、やや高級化の流れにはあるものの、高い人気を誇っています。輸送技術の発達もあるのでしょう、首都圏のJR東日本の主要駅では全国各地の駅弁も運ばれてきて売られているなど、ここのところ少々、郷土色が欠けてきているきらいもあります。買ってみたら実はその駅で昔から営業している駅弁屋の商品ではなく、近くの駅の別の駅弁屋のものだった、ということも。ですが、仕事帰りにちょっと旅気分にひたるために購入するといった向きにも人気があるようです。

　一方、旅情を強く感じる存在として「**駅前食堂**」をお勧めしておきます。およそ観光客が降りそうにない駅の近くで、地元の人しか利用しなさそうな店を見つけたら、思い切って入ってみてください。メニューは平凡でも新鮮な食材が使われている、絶品の味に出会えたりします。その地方の人々がふだん食べている地域色豊かな料理にも、時に出会えます。

6-05 《第6章 旅先の楽しみと旅のヒント》

どこに泊まる？
──旅先の宿選び

全国チェーンのビジネスホテルや
駅前旅館を活用しよう！

旅先の宿選びというのも、プランニングの時の楽しみの一つ。もちろん、1泊数万円の高級温泉旅館や高級ホテルに泊まりたいというような、旅館やホテルそのものが目的であるならば、宿泊費の価値があります。

問題は、格安旅行なので、できるだけ宿泊費を抑えたいという時、あるいは、多少高めでもいいから、安心して泊まれて、それなりのホスピタリティは求めたいという時などでしょう。

青春18きっぷなどを使って鉄道旅行をする時、宿泊先として強い味方となるのが「**駅前旅館**」です。「眠れたらいい」と割り切り、トイレや風呂は共同で6畳1間という設備でよければ、素泊まり（食事なし部屋代のみ）1泊5000円もしない、場所によってはもっ

と安い値段でみつかるでしょう。名前の通り駅の近くに固まっているから、到着や出発の時も便利。昔から旅行者向けに営業してきた宿だから、深夜の到着や早朝の出発などにも対応してくれます。

駅前旅館がもう少し近代的な姿になったのが**ビジネスホテル**です。さほど広くはない1人用のシングルルームが中心のホテルで、やはり主な駅の近くにあります。値段は駅前旅館より少し高めですが、5000円以下で泊まれるところも探せばいくつも見つかります。バス・トイレは各部屋についているのが基本。朝食サービス付きのホテルも多いです。

最近では、**全国チェーンのビジネスホテル**も増えました。どこへ行っても設備やインテリアは基本的に同じで旅情は感じられないけ

あるホテルチェーンのシングルルーム。豪華ではないけれど、設備は整っています。

れど、逆に、同じチェーンのホテルならばクオリティは保証されているともいえます。

　こうしたホテルチェーンは、一般論ながら、昔からあるビジネスホテルと比べて値段はやや高めだけれど、セキュリティもしっかりしており、細かい点にまで神経が行き届いている感じ。快適性では上回ると私は思っています。チェーン同士の競争も激しく、大浴場があったり朝食が充実しているといった、それぞれの個性も発揮されています。公式サイトからのインターネット予約は、もう当たり前です。

　チェーンではないビジネスホテルや駅前旅館などは、どうやって探せばいいのでしょうか？

「楽天トラベル」など全国の宿泊施設を網羅し、インターネット予約が可能なトラベルサイトはいくつかあり、ビジネスホテルや駅前旅館の予約も扱っています。宿泊予定の都市や駅などをキーワードとして検索すれば手っ取り早く、利用者の宿泊施設に対する「口コミ」も掲載されていたりするので、選択の際の参考にもできます。最近ではホテルチェーンに対抗して、クオリティを高める努力をしているローカルなビジネスホテルも増えてきており、嬉しい限りです。

　少し慣れてきたら、予約はせずに旅に出て、宿泊予定地の観光案内所（6-10参照）で宿を紹介してもらうという方法を取るのもいいでしょう。観光シーズンのピークだと難しいですが、予算などの条件を伝えれば合う宿を見つけだしてくれ、場所によっては電話をして空室があるか問い合わせてもくれます。

　この場合、観光協会など公的な機関が設けている案内所を利用すること。最近はかなり減りましたが、観光地で「宿泊案内所」と称するところは、特定の宿の単なる営業窓口であったりもします。

6-06 《第6章 旅先の楽しみと旅のヒント》

子供づれでも大丈夫?
──最新トイレ事情

新型車両には赤ちゃん用の設備も完備

小さな子供、特に赤ちゃんを連れての旅はなかなか大変なもの。ぐずったりすると、乗り合わせた周囲の利用者にも気をつかってしまいます。

赤ちゃんへの授乳、オムツの交換などにも利用できる、列車内の「**多目的室**」は、JR発足後に登場した新型特急用車両においては基本設備の一つとなりました。例えば、東海道・山陽新幹線用N700系（16両編成）では、11号車に設置されています。指定席の座席の位置は希望できる（4-14参照）ので、赤ちゃんを連れて「のぞみ」などに乗る時は、11号車に席を取れば楽です。

在来線の特急にも多目的室は普及しています。一般的に身障者用の設備（車椅子用座席など）と同じ車両にありますので、時刻表の編成表を参考にしてください。九州新幹線など、駅に設けられている例もあります。ただ、すぐに使える状態になっていないこともあります。「多目的室を使うかもしれない」と、車掌にひと声かけておくのがよいでしょう。

多目的室に限らず、トイレの中にオムツ交換用ベッドや、用を足している間、赤ちゃんを座らせておけるベビーチェアを備えている特急用車両もあります。これらも、身障者用の大型トイレにまとめて装備されている例が多いです。

また、新幹線を筆頭に、男性用の小便所を別に備える列車も多くなりました。男性が小用で〝個室〟を占領して女性が使えなくなるということも減っているでしょう。東北新幹線の「はやぶさ」など、女性専用トイレを設置してい

子供づれには嬉しい設備

九州新幹線新大牟田駅の多目的室。列車内のものと同じく授乳などに使えます。

JR西日本683系特急型電車の、折り畳み式オムツ交換台。

　る列車もあります。

　列車内に限らず駅や駅ビルなどの商業施設などにも、赤ちゃんや身障者に対応できる設備を備えた「多目的トイレ」が普及しているのは喜ばしいこと。おおむね快適に利用できます。女性用トイレを私が覗くわけにはいきませんが、一般向けの男性用トイレでもベビーチェアが設けられているところがありますから、推して知るべしでしょう。

　私が若かった頃は汚くて使えたものではない駅のトイレが多かったのですが、マメに清掃されるようになり、デザインにも工夫が凝らされたトイレが増えてきたのは、旅行者にとっては嬉しい限りです。

ただ、公園など目が届きにくいところにあるものでは、管理がよくなく荒れている感じのトイレが見受けられるのは残念です。

　その点、安心できるのは市役所などの公共施設。トイレを借りるためだけに入るのは、やや気が引けますが、さすがに「街の顔」というべきで、どんな町でも間違いなく清潔に保たれています。私がありがたく使わせていただいたのは、道南いさりび鉄道七重浜駅の側にある北斗市役所七重浜支所。正直、ローカル駅では〝信頼〟がおけないトイレもまだありますので、助かりました。お礼の意味を込め、観光パンフレットなどを頂戴して帰ったものです。

6-07 《第6章 旅先の楽しみと旅のヒント》

ペットと一緒に旅ができる?
―――「手回り品」の話

列車内へ持ち込める物品には制限がある

最近では、「ペットも家族の一員」という考え方が広まり、旅行に犬や猫を連れて行く人も珍しくなくなりました。「ペットと一緒に泊まれる宿」といったガイドブックも刊行されているぐらいです。

しかし、そうした人々の大半は、旅に自家用車を利用しています。他の旅行者に迷惑をかける可能性が少なく、ふだんから乗り慣れている車ならば、ペットのストレスも少ないからでしょう。

ただ、鉄道での旅も不可能ではありません。旅客営業規則には「手回り品」という章があり、列車内に持ち込める物品の制限を定めています。その中に動物についてのきまりもあるからです。

旅客が列車内に持ち込める動物は具体的に、小犬・猫・ハト又は

これらに類する小動物で、猛獣及びヘビの類を除くと定められています。そして、長さ70cm以内、最小の立方体の長さ・幅及び高さの和が90cm程度の容器に収納したもので、かつ他の旅客に危害を及ぼし、または迷惑をかけるおそれがないと認められるもの、容器に収納した重量が10kg以内のものと大きさも定められています。

動物を列車内へ持ち込む際は、規程の大きさ以内であっても、「普通手回り品料金」として、1回の乗車ごとに290円が必要です。なお、個数の制限は特になく、何匹持ち込んでも規則上は問題ありません。私の知人は引っ越しの時、猫3匹を新幹線に持ち込んだそうですが、普通手回り品きっぷを3枚買って乗車できました。1人で運ぶのは相当、大変で、音を上げ

219

■ペットと一緒に旅ができる?／6-07■

養老鉄道のサイクルトレイン。自転車を無料で車内へ持ち込めます。

たそうですが。

　身障者の外出の手助けをする盲導犬や補助犬は、もちろん無料で自由に列車に乗ることができます。慣れない環境であっても、むやみに動揺しないよう訓練を受けているのですから当然です。また「少数量の小鳥、小虫類、初生ひな、魚介類で容器に入れたもの」も無料で持ち込めます。

　その他、無料で列車に持ち込める手回り品も、規則で大きさなどが細かく定められています。**3辺の最大の和が250cm以内、重量30kg以内のものを2個以内という制限**で、実際にはよほど巨大な箱でも持ち込まない限り、心配しなくても大丈夫です。

　2020年5月20日乗車分から、東海道・山陽・九州新幹線では、3辺の和が160cmを超える特大荷物を持ち込む場合、きっぷ購入時（インターネット予約や自動券売機でも可）に、荷物スペース付き座席を事前に予約する必要ができました。おおむね国際線の飛行機に乗る際でも、有料託送手荷物扱いとなる大きさです。予約せずに持ち込んだ場合は、車内で手数料1000円を支払うことになります。

　時々、列車内に**自転車やサーフボード**を持ち込んでいる人を見かけますが、これも規則に定められた通りの状態なら、無料で持ち込めることになっています。自転車は解体するか、折り畳み式なら折り畳んで、専用の袋（輪行袋）に収納すればOK。サーフボードも専用の袋に収納してあれば問題ありません。

　また、養老鉄道や一畑電車など、ローカル私鉄の一部では「サイクルトレイン」などという呼び名で、車内への自転車の持ち込みを認めています。有料の会社と無料の会社とがありますが、利用促進策の一環です。

6-08 《第6章 旅先の楽しみと旅のヒント》

鉄道会社の公式サイトは情報の宝庫！

旅に関するあらゆる情報を、自ら発信している

時刻表のような「紙媒体（本や雑誌などの総称）」しかなかった時代は、鉄道会社からの直接の情報発信も、ポスターやチラシ、広報誌、TVCMぐらいに限られていましたが、今は違います。日本に存在する、旅客を扱う一般的な鉄道会社（ケーブルカーやロープウェイなどを除く）は、すべてインターネット上で「**公式サイト**」を公開しており、時刻や運賃はもちろんのこと、割引きっぷの発売やイベントの告知、ダイヤ改正といった各種のお知らせを、鉄道自ら広く利用者に発信しています。ここ20年ほどの間に起こった、大きな変化です。

現地へ行って初めてわかる、〝発見〟の喜びは減ったかもしれませんが、旅に出る前にさまざまな情報を得られるのは、プランニングの面からもありがたいもの。**公式サイトなら、市販の時刻表には掲載されていないような小さな駅の発車時刻や運賃などが、まず間違いなく掲載されています**から、鉄道旅行において、大いに役に立ちます。まさに情報の宝庫といえましょう。

特に、時刻表では詳しい情報がわからない中小私鉄のサイトは重宝します。乗車する予定があるのなら、出発前に必ず一度は覗いておくことをおすすめします。お得な割引きっぷの情報など最たるもので、値段や効力はもちろんのこと、発売されている場所がわかるのがありがたいです。昔は直接、問い合わせ先として時刻表に掲載されている電話番号へかけて、「一日乗車券はありますか？　いくらですか？　どこで売っている

221

■鉄道会社の公式サイトは情報の宝庫！／6-08■

充実している各社の公式サイト

東武鉄道の公式サイト。時刻・運賃検索、特急券の予約などが可能です。

岩手県のローカル鉄道「三陸鉄道」の公式サイト。沿線情報も掲載しています。

んですか？」などと聞いていましたから……。

そして、なにぶん「公式」ですから、情報の信用度においても申し分ありません。JR東日本、JR西日本のように「会社としての公式サイト」と「列車や旅行の情報を提供するサイト」（これが「えきねっと」や「JRおでかけネット」）を分けている会社もありますが、大半の会社は両方の情報を一つのサイトで公開しています。また、路線バスも兼営している会社やグループ内にバス会社がある会社は、バスの情報も同時に掲載されていたり、リンクが張られていたりします。

地方では鉄道の経営が苦しい昨今、沿線の観光資源への誘客に熱心ではない会社はありませんから、観光協会や観光施設などへのリンクも張られているのはふつうで、その地方へ観光で行く際の「ポータル（入口）サイト」としての役割も期待できます。

JR各社や大手私鉄のサイトも、列車の時刻や運賃が検索できるようになっていたりで、日常生活においても役立ちます。特急などのインターネット予約（1-09参照）も可能です。駅の窓口の営業時間やエレベーターなどのバリアフリー設備、駅内の売店、飲食店情報なども充実しています。

6-09 《第6章 旅先の楽しみと旅のヒント》

モバイル端末を活用しよう!

便利なタブレットやスマホ
旅先で使える楽しいアプリも

私がタブレット型情報端末「iPad2」を購入したのは2011年6月。それからというもの、旅先での必需品だった時刻表と地図が、カバンから消えました。差し引き、かなりの〝軽量化〟となったのです。その後、スマートフォン（スマホ）も購入し、同じように取材先などで活躍中です。

鉄道で「タブレット」といえば、昔は単線区間の安全を確保するための保安装置のことでした。それが今や情報端末のことに変わり、JR東日本などが積極的に業務用に導入しています。

旅行用としても大変、重宝するもので、6-08で紹介した各鉄道会社の公式サイトへつないで、列車の時刻や運賃を調べることなど序の口。メールのやりとりはもちろんのこと、インターネット予約（1-09参照）を出先でしたり、時にはメモ代わりのカメラとして使ったり、インタビュー取材の時には録音をしたりで、非常に幅広い活用の場があります。他にも、音楽を聴いたり、電子書籍や新聞の電子版を読んだり、ラジオを聴いたり。タブレットやスマホがあれば何でもできそうなほどです。

旅先でのTwitterやFacebook、Lineの閲覧や書き込みも、タブレットやスマホから行うのが当たり前。時間待ちの暇つぶしにはもってこいですし、Twitterを覗いていたら、たまたま友人が近くにいることがわかり、じゃあ会おうかとなったことも何回かあります。

列車に乗っている時には、地図アプリ、GPS（全地球測位システム）ロガーアプリがあれば鉄道旅行がいっそう楽しめます。現在地

旅先で活躍するモバイル機器

iPadのようなタブレットは旅先でも大いに役立つ。GPS-Trkを作動中。

GPS-Trkで取得した「ひたち」の水戸〜上野間の走行ログ。

点を示す丸が、線路の上を動くのを眺めているだけでも面白いですし、「もうすぐ海沿いに出る」といったこともわかります。夜行列車でふと目覚めた時、GPSがあれば、外が見えない寝台の中でも、今、どのあたりを走っているのかすぐわかります。

もちろん、町歩きの時のナビゲーションにも役立ちます。私も**「旅行貯金」**（6-13参照）をする時には、郵便局探しのため、しょっちゅう参照しています。

GPSロガーアプリとは、衛星からの電波を受け取って現在地点の緯度、経度、高度などを測定し、例えば15秒とか、一定時間ごとに受信機の移動経路や移動距離から計算した速度などを記録していくアプリです。私が愛用しているのは、有料アプリですが「GPS-Trk」というもの。これを使うと、列車やバスの速度の変化や運転ルート、線路が通っている峠の標高などが自動的に記録され、のちのちまで保存しておけます。

他にも写真の位置情報記録を利用して、地図上に撮影地点を落とし込んで整理できるカメラアプリや、路線の乗車記録、駅の乗降記録を管理できるアプリなどもあります。アプリは数え切れないほど存在します。自分なりの利用法を考える楽しみもあるのです。

6-⑩ 《第6章 旅先の楽しみと旅のヒント》

現地の人に聞くのがいちばん
——観光案内所を利用してみよう

情報収集はもちろん、
宿の紹介や自転車の貸し出しなどもある

インターネットサイトやガイドブックを駆使して完璧な事前の情報収集をやり、いざ乗り込む……といった旅もいいでしょうが、現地での発見を大切にして、**気まぐれに列車を乗り降りし、町を歩く**という旅もまた、自由でいいものです。

旅先での情報収集に役立つのは、駅の中や駅前などにある「観光案内所」です。地元市町村の観光協会などが運営しており、有名観光地ばかりではなく、意外に小さな町にもあったりします。

観光案内所へ行けば、地元の観光に関する情報なら何でも手に入ると思っていて大丈夫です。パンフレットやチラシの類も完備しています。地元の自治体だけではなく、近隣の情報もおおむねそろっています。山梨県の富士吉田市の

案内所で、ある美術館への行き方を尋ねたら、所在地は実は隣の忍野村。けれども、すんなり教えてもらえました。

バスなどの一日乗車券を発売していたり、ポケットに入れておける時刻表を配っているところもあります。休憩所を兼ねてカフェが併設されていたり、コインロッカーが置かれていたりで、その形態やサービス内容は場所によりさまざまですが、観光の心強い拠点であることには間違いありません。

時には観光施設やイベントの入場料金などが安くなる割引券が置かれていたりするので、お見逃しなく。私自身の経験で、あって便利だったなと思ったのが、携帯電話の充電装置。以前、スマホの電池が切れかけていた時、とある町の観光案内所で存在に気が付き、

観光案内所がある駅

JR金谷駅前にある観光案内所。島田市観光協会が運営しています。

米子市の観光案内所。山陰本線米子駅の中にあります。

有料でしたが、ありがたく使わせていただきました。

6-05でも解説したように、旅館やホテルなどを決めずに来ても、観光案内所で希望に合った宿を紹介してくれます。インターネットで検索する方が気軽といえば気軽ではありますが、やはり直接、どんな宿がいいのかを伝え、地元を知り尽くした職員の"感性"に任せるのもまた、上手な旅のやり方でしょう。

レンタサイクルを置いている観光案内所も多くあります。中にはいくつかの市町村が広域的に連携して、好きなところで乗り捨てができるようにしてあるところもあります。

もっと細かい、言い換えれば漠然とした要望をしても、可能なかぎり対応してもらえます。例えば「〇〇山がきれいに見えるところはありますか？」とか、「テレビドラマの『×××』のロケ地が、この町と聞いたのですが……」といったようなこと。

「駅の近くで、美味しい蕎麦屋はありませんか？」などと尋ねてもいいのです。観光案内所の職員は公平中立の立場上、特定の飲食店を挙げ「ここが美味しい」とは断言しづらいものですが、私は「個人の感触でも構わないので……」と言い添えて何度か聞き出し、期待に違わない結果となったことがあります。

6-11 《第6章 旅先の楽しみと旅のヒント》

気軽に温泉を楽しみたい
——日帰り入浴を利用してみよう

どんどん「外湯」へ!
安い料金で温泉に入れるのが魅力

温泉というと、最低でも1泊2食1万円以上はする旅館に泊まらないと楽しめないようなイメージがありますが、温泉地には必ずといっていいほど共同浴場があり、数百円ほどの料金で誰でも入浴することができます。鉄道旅行の汗をさっぱりと流すには、もってこいです。カバンの中にはタオルを入れておくのを忘れずに。

共同浴場は場所によって、「外湯」などとも呼ばれ、地元の自治体や組合などによって運営されています。著名な温泉地では、旅館と見まがうような立派な建物であったりします。観光客を意識して、休憩所や食堂などを併設している、かなり本格的な設備の浴場もあります。

あるいは、地元の人しかわからないような目立たない建物のとこ

ろもあり千差万別ではありますが、一ついえるのは、間違いなくそこも温泉であること。裸になって入ってしまえば旅館の浴室と変わりはありません。

中には旅館に宿泊している人しか入れない、あるいは地元専用で観光客はお断りという温泉もあります。それぞれ地域の事情ですので、やむを得ません。

共同浴場の所在は、観光案内所（6-10参照）で尋ねれば確実にわかるでしょう。営業時間は午後〜夜のところが多いですが、24時間入れたり、早朝から営業しているところも少なくありません。ただ、稀にですが、清掃などで臨時休業することもあります。

お湯につかる前には必ずかけ湯をし、タオルは湯舟に入れないなど、入浴のマナーは守りたいもの。

■気軽に温泉を楽しみたい／6-11■

駅舎内に天然温泉の公衆浴場「ゆぽっぽ」があるJR石巻線女川駅。

出る時には次の人のことを考えて、椅子や桶をきちんと片付けておくべきです。町中に銭湯があって誰もが銭湯に行っていた時代ではないせいか、時折、いい加減な人に出くわします。共同浴場は基本、地元の人が使う設備でありますので、気軽に入るのは構いませんが、「入らせていただいている」という気持ちはどこかに持っていたいものです。

共同浴場ばかりではなく、温泉旅館の「日帰り入浴」を試してみるのもよいでしょう。料金は共同浴場より高めですが、露天風呂など、温泉の風情を楽しみたいのなら価値があります。共同浴場並みに数百円で入れるところもあれば、部屋での休憩や、昼食などをセットにした数千円のプランとして出しているところもあります。これも観光案内所で尋ねてみれば、どこの旅館で入れるかわかります。

嬉しいことに、**駅舎内に天然温泉の公衆浴場を併設している駅も**あります。

北から順に挙げていくと、秋田内陸縦貫鉄道阿仁前田駅、JR北上線ほっとゆだ駅、山形新幹線高畠駅、JR石巻線女川駅、JR飯山線津南駅、上越新幹線越後湯沢駅、同ガーラ湯沢駅（季節営業）、わたらせ渓谷鐵道水沼駅、西武鉄道西武秩父駅、JR飯田線平岡駅、長良川鉄道みなみ子宝温泉駅、JR紀勢本線那智駅、JR予土線松丸駅、南阿蘇鉄道阿蘇下田城ふれあい温泉駅となります。なぜか〝東高西低〟の傾向です。

この他、JR山陰本線城崎温泉駅や長野電鉄湯田中駅など、すぐ脇に浴場がある駅もあります。阪急電鉄箕面駅や一畑電車松江しんじ湖温泉駅など、手軽な「足湯」がある駅も多く、日本人の温泉好きを表しているかのようです。

6-12 《第6章 旅先の楽しみと旅のヒント》

記念写真を上手に撮ろう!

写真は旅行にはつきもの
きれいに撮って思い出に残そう

デジタルカメラや、もっと気軽に写真を撮れるスマートフォンなどが普及して、旅の思い出も簡単に残せるようになりました。フィルム時代のような失敗も、その場で写真を確認できるデジカメなら避けることができます。

とはいえ、私は写真については素人。ふだんからメモ代わりにパチリと撮る程度ですので、アドバイスといえるほどのことはできません。そこで、仕事仲間でもある鉄道カメラマン・久保田敦さんに「上手に写真を撮るコツ」をうかがいました。文責は私にありますが、以下、この項目に限って、語り手は久保田さんです。

まずは、最初のカメラ選びから。本格的な鉄道写真を撮るならともかく、旅先の記念写真ぐらいなら、ふだん使っているスマートフォンでも十分対応できます。驚くほど高性能な機種もあります。

そして、スマートフォンで撮る写真が物足りなく感じてきたら、次の段階として「ミラーレス一眼」を購入するのもよいでしょう。最近の主流となっている、軽い一眼レフカメラです。プロカメラマンでも仕事に使う人が増えていますが、初心者向けの、安くて形や色が可愛らしい機種も多く発売されています。

グループで記念撮影をする時もそうですし、一人旅の時にも役立ちますが、ポケットに入るぐらいの大きさのミニ三脚があるとブレの防止にもなって便利です。仲間内で誰かが撮影役になってしまって1人だけ写っていないとか、通りがかりの人がおらず、誰にも「シャッターを押して」と頼めな

い状況の時に活躍します。安いものでも十分、用が足ります。足が自由に曲げられるタイプのものもあり、手すりなどに取り付けることができます。

そして、記念撮影をする時には、とにかく顔がはっきり写るよう、人間を大きく撮るようにしたいところです。風景を主にするより、思い出づくりにはそちらの方がよいと思います。

また、撮る側も撮られる側も単純に立って写すだけではなく、カメラを持った人がしゃがんで、低い位置から撮ってみるのも面白いものです。普通の人間の目線から外す工夫をしてみると写真にインパクトが出ます。また、何かポーズを考えて、写してみるのも楽しいでしょう。

グループの場合は、できるだけギュッと固まって撮ること。やはり仲よく見えますし、顔も大きく撮れます。

風景などを撮る場合は、カメラをすぐ取り出せるようにしておくこと。シャッターチャンスを逃すと後悔するものです。幅広のストラップをつけて、首から下げておくなどしておきましょう。

あと大切なのはストロボはオフにしておくこと。最近のカメラは超高感度撮影も可能で、夜でも撮れます。ストロボを使うと確実に写るのですが、臨場感に乏しい写真になってしまうのです。

また、電池の残容量にも気をつけましょう。思い出深い場面で確実に撮れるよう、できれば予備の電池を持ち歩きたいところです。

駅で鉄道の写真を撮る時には安全第一。絶対に黄色い線の外側へ出てはいけません。もちろん、線路などの敷地内に入ってはダメです。そして、一般の利用者の迷惑にならないよう注意することや、他の撮影者のカメラの前に入って邪魔をしたりしないことなど、周囲への気配りも非常に大切です。

デジタルカメラではありますが、撮った写真はプリントしてみるのもよいです。今ではコンビニのマルチコピー機で直接、記憶媒体からプリントができますので、旅先で人数分、印刷して、旅の仲間に配ると喜ばれると思います。そういうことを考えているのなら、写真の周囲に余裕を持たせて撮ると、プリントした際のバランスがよくなります。

6-13 《第6章 旅先の楽しみと旅のヒント》

鉄道趣味のいろいろ

はまると奥深い、
鉄道の世界を趣味として楽しもう

最初はなんとなく、列車に揺られて旅をしているのが楽しいというところから始まって、そのうち鉄道の魅力に取りつかれ、鉄道趣味の深い世界にどっぷりはまりこんでしまう人が少なからずいます。鉄道は「社会の縮図」ともいわれます。それだけに趣味としても非常に幅が広く、いろいろなタイプの人がいます。

まず何より「列車は乗り物」と考える〝乗り鉄〟といわれる人々。愛読書は時刻表で、休みになるたびに鉄道旅行に出かけ、観光も何もせず、早朝から深夜までひたすら列車に乗り続けています。それがだんだん高じてくると、「全線完乗」へと向かいはじめます。一般の旅客が乗れるJRの路線は全部で約2万kmあります。さらに私鉄・第三セクター・公営交通も

約7000km。これらにすべて乗ってしまおうという企て？です。ちなみに私は、日本の全鉄道に乗車済み＝完乗を達成しています。

もう一つの大きな勢力が、〝撮り鉄〟と呼ばれる、鉄道写真を撮ることを趣味とする人々。珍しい列車が走るとなると自慢の一眼レフを抱えて出動し、好撮影地と呼ばれるところにレンズを並べて、作品をものにしたりします。単に列車のキチンとした写真を撮るだけでは飽きたらず、鉄道が醸し出す「情景」を題材とした、芸術性が高い写真を写すことに主眼を移す人もいます。

鉄道模型をたしなむ人々は〝模型鉄〟。欧米では大人の趣味として認知されており、日本においても社会的地位が高い人の中にも、この趣味を持つ人が少なからずい

231

■鉄道趣味のいろいろ／6-13■

「旅行貯金」用の郵便貯金通帳。日付や局名が入り、自分の旅の記録になります。

るようです。私の知り合いの、とある会社の代表者は、自宅の屋根裏部屋にHOゲージ（1/87スケールで線路の幅は16.5mm）のレイアウトを引き回し、1両数万円もする新幹線電車の16両編成を走らせています。

これら「三大派閥（？）」の他にも、きっぷの収集、廃線跡の探索、車両の調査などを趣味としている人がいたり、鉄道車両ではなく、鉄道のトンネルや橋梁などの構造物に興味を抱く人々もいます。駅弁の掛け紙をひたすら集めていたり、ホームの屋根や跨線橋の柱などに転用されている中古レールの探索が大好きな人も、知り合いにいます。

鉄道の運転は、自動車や飛行機、船とは違ってアマチュアが存在しない世界です。しかし中には本格的な線路を敷設して、古い蒸気機関車などを自分たちの手で走らせる「保存鉄道」に取り組んでいる人もいて、ここまでくると趣味の域を超えているような気もします。しかし、当人たちはあくまで鉄道を楽しんでいるのです。

そこまで深くのめり込まなくても、鉄道旅行の最中にでも簡単に楽しめることもあります。駅弁の食べ比べなどは、グルメ趣味の範疇でしょうが、鉄道ならではの面白さです。駅の記念スタンプを集めることも、手軽な遊びです。

平日のみ行えることで、一般的なサラリーマンには厳しいかもしれませんが、旅先で郵便局を訪れ、いくばくかの貯金をし、通帳に局名のゴム印を押してもらう「旅行貯金」にも根強い支持者がいます。貯金をすることが目的ではなく、神社の朱印集めに近い趣味ですが、ずらりと並んだスタンプを見ていると、不思議と旅の思い出がよみがえってくるものです。

Opinion 2 「きっぷ」はますます電子化が進む
eチケットや交通系ICカードがもはや常識に

写真①は「Opinion-1」で紹介した、オスロ～ストックホルム間の急行列車の「きっぷ」です。私が2019年に利用した時のものです（現在では列車番号が変わってます）。

①オスロ～ストックホルムeチケット控え

日本のきっぷとは、ずいぶん違いますが、同じようなものを見たことはあると思います。国際線、国内線を問わず、飛行機ではいまでは常識的になった「eチケット」がスウェーデンの鉄道でも採り入れられているのです。それを自宅のプリンターで印刷し、持参しました。ヨーロッパの駅には改札口がない方が一般的ですので、車内改札の時にはこの紙を車掌に示し、二次元バーコードを読み取ってもらいます。

日本でも「チケットレスサービス」(1-11) は普及しつつありますが、今後、もっと徹底すると、紙の長距離きっぷは基本的に姿を消し、電子化されるでしょう。乗車の時は、スマートフォンに読み込むなり、プリントアウトするなりして持参するのは、飛行機と同じです。日本の場合、改札口に読み取り装置が設けられるでしょう。JR東日本も二次元バーコードが読み取れる自動改札機の実験を、2020年から新宿と高輪ゲートウェイで始めました。

一方、SuicaなどのICカード (1-08) も、よりいっそう普及するでしょう。今後は利用客が少ないローカル鉄道への導入が進むものと思われます。写真②は、JR西日本が試験的に鳥取県の境線に導入したICカードリーダー。駅

② JR境線ICカードリーダー

ではなく、ワンマン列車の車内に乗車用と降車用のリーダーを設け、タッチするだけで運賃の精算ができるのです。

あまり知られていないかもしれませんが、JR東日本のローカル線では、車内で車掌から乗車券を買う場合にもSuicaなどの交通系ICカードで精算できます。駅では利用できないエリアであっても同様です。写真③④は只見線でSuicaを利用して購入した乗車券と、その売上票。車掌が持つモバイル端末にタッチすればOKなのです。

③ Suicaで購入した只見線の乗車券1 ④ Suicaで購入した只見線の乗車券2。Suicaの売上票

JR東日本では、全路線を交通系ICカード利用可能エリアとすることを目標としています。駅に簡易式自動改札機を置く方法が主になりましょうが、その前段階として、いつの間にか交通系ICカードが使える範囲は広がっています。他の会社も、同じように導入を目指すでしょう。

Opinion 3 「スマホアプリ」はおなじみになる
スマホの中に旅のすべてを

今、日本では「MaaS」と呼ばれるシステムの構築が、盛んに試みられています。「Mobility as a Service」の頭文字で、運営している会社を問わず、地域内の鉄道、バス、タクシーなどの交通機関の情報や、宿泊施設、飲食施設、観光施設などの情報を一元的に検索でき、かつ予約や決済ができるというものです。

そこまで進化したものではなくても、長距離列車を運行している会社や、大都市圏の公共交通機関のスマートフォンアプリは、いまでは一般的でしょう。日本でもJR各社や私鉄、地下鉄が公式アプリを提供しており、首都圏ではアプリ同士の連携も進んでいます。

しかし、日本ではクレジットカードなどを利用するキャッシュレス化

が欧米ほどは進んでいないため、「アプリで各種乗車券が購入できる」会社は、ごく限られています。長崎市の市内電車「長崎電気軌道」が、アプリから1日乗車券を購入できる数少ない例。写真⑤が、その画面です。広島電鉄も2020年3月より1日乗車券を電子化して、それに続きました。

⑤長崎電気軌道アプリ

ヨーロッパの都市交通機関や長距離列車においては、アプリから乗車券が購入できることが、もう常識です。写真⑥⑦は、デンマークの首都・コペンハーゲンの都市交通（国電、地下鉄、バスなど）の公式アプリ。24時間乗車券（写真⑧）などが、このアプリを通じて購入でき、車内改札の際にはスマートフォンの画面に乗車券を表示させて、提示します。有効期限をカウントダウン方式で示すなど、デジタルならではのしくみもあります。

日本の鉄道でも、同様にスマートフォンアプリを使って乗車券類を購入できるようになれば、便利なのはいうまでもありません。有人窓口や自動券売機に立ち寄る必要もなくなり、目的地に向かうJRの列車内や、極端にいえば自宅からゆとりを持って購入できるようになります。チケットレスサービスの拡大とも結びついて、今後、普及に拍車がかかるに違いありません。すでに新幹線では「EXアプリ」や「JR東日本アプリ（えきねっと）」できっぷの購入が可能で、チケットレスで乗車できます。それが大都市でも長距離列車でも、すべての乗車券類に広まるイメージでしょうか。

⑥コペンハーゲン市内を走る国電

⑦コペンハーゲン都市交通のアプリ

⑧コペンハーゲン24時間乗車券

〈資料〉

鉄道営業法

（明治三十三年三月十六日法律第六十五号）

最終更新：令和二年四月一日公布（平成二十九年法律第四十五号）改正

> 「きっぷのルール」のよりどころとなる法律、「鉄道営業法」と「鉄道運輸規程」をここに掲載します。原文は漢字カナ混じり文で、かつ濁点もついていない、現代においては読みづらい文であるため、編集部の責任で、一部の漢字とカタカナをひらがなに置き換え、適宜句読点を付しました。現代とは用字が異なるものは、一部、カッコ内で現代の表記を付しました。原文は縦書きであるため「左の」は「下の」と読み替えてください。また、原則として、別表や付則は省略しました。

第一章　鉄道の設備及運送

第一条　鉄道の建設、車両器具の構造及運転は国土交通省令をもって定むる規程によるべし

第二条　本法その他特別の法令に規定するもののほか鉄道運送に関する特別の事項は鉄道運輸規程の定むる所による

○2　鉄道運輸規程は国土交通省令をもってこれを定む

第三条　運賃その他の運送条件は関係停車場に公告したる後にあらざればこれを実施することを得ず

○2　運賃その他の運送条件の加重をなさんとする場合においては前項の公告は七日以上これをなすことを要す

第四条　伝染病患者は国土交通大臣の定むる規程によるにあらざれば乗車せしむることを得ず

○2　付添人なき重病者の乗車はこれを拒絶することを得（う）

第五条　火薬その他爆発質危険品は鉄道がその運送取扱の公告をなしたる場合のほかその運送を拒絶することを得

第六条　鉄道は左の事項の具備したる場合においては貨物の運送を拒絶することを得ず

一　荷送人が法令その他鉄道運送に関する規定を遵守するとき

二　貨物の運送につき特別なる責務の条件を荷送人より求めざるとき

三　運送が法令の規定又は公の秩序もしくは善良の風俗に反せざるとき

四　貨物が成規によりその線路における運送に適するとき

五　天災事変その他やむを得ざる事由に基因したる運送上の支障なきとき

○2　前項の規定は旅客運送にこれを準用す

第七条　運送につき特別の設備を要する貨物に関しては鉄道はその設備ある場合に限りこれを引受くるの義務を負う

第八条　鉄道は直に運送をなし得べき場合に限り貨物を受取るべき義務を負う

第九条　貨物は運送のため受取りたる順序によりこれを運送することを要す。ただし運輸上正当の事由もしくは公益上の必要あるときはこの限にあらず

《資料──鉄道営業法》

第十条　鉄道は貨物の種類及性質を明告すべきことを荷送人に求むることを得。もしその種類及性質につき疑あるときは荷送人の立会をもってこれを点検することを得

○2　点検により貨物の種類及性質が荷送人の明告したる所と異ならざる場合に限り鉄道は点検に関する費用を負担しかつこれがため生じたる損害を賠償するの責に任ず

○3　前二項の規定は火薬その他爆発質危険品を成規に反し手荷物中に収納したる疑ある場合にこれを準用す

第十一条　旅客又は荷送人は手荷物又は運送品託送の際鉄道運輸規程の定むる所により表示料を支払い要償額を表示することを得

○2　前項の規定による表示額が託送手荷物又は運送品の引渡期間末日における到達地の価格及引渡なき場合において旅客又は荷送人が受くべきその他の損害の合計額を超ゆるときはその超過部分についてはその表示はこれを無効とす

第十一条の二　要償額の表示ある託送手荷物又は運送品の滅失又は毀損による損害につき賠償の責に任ずる場合においては鉄道は表示額を限度として一切の損害を賠償する責に任ず。この場合において鉄道は損害額が左の額に達せざることを証明するにあらざれば左の額の支払を免るることを得ず

一　全部滅失の場合においては表示額

二　一部滅失又は毀損の場合においては引渡ありたる日（延著（ちゃく・延着）したるときは引渡期間末日）における到達地の価格により計算したる価格の減少割合を表示額に乗じたる額

○2　託送手荷物、高価品又は動物については託送の際旅客又は荷送人が要償額の表示をなさざる場合においては鉄道は鉄道運輸規程の定むる最高金額を超えその滅失又は毀損による損害を賠償する責に任ぜず

○3　前二項の賠償額の制限は託送手荷物又は運送品が鉄道の悪意又は重大なる過失によりて滅失又は毀損したる場合にはこれを適用せず

第十二条　引渡期間満了後託送手荷物又は運送品の引渡をなしたる場合においては延著とす

○2　引渡期間は鉄道運輸規程の定むる所による

○3　延著による損害につき賠償の責に任ずる場合においては鉄道は左の額を限度として鉄道運輸規程の定むる所により一切の損害を賠償する責に任ず

一　要償額の表示あるときはその表示額

二　要償額の表示なきときはその運賃額

○4　前項の賠償額の制限は託送手荷物又は運送品が鉄道の悪意又は重大なる過失によりて延著たる場合にはこれを適用せず

第十三条　鉄道が引渡期間満了後一月を経過するも託送手荷物又は運送品の引渡をなさざる場合においては旅客又は貨主は滅失による損害賠償を請求することを得。ただし鉄道の責に帰すべからざる事由により引渡をなさざる場合は

237

この限にあらず

○2　前項の規定により賠償を受けたる者はその請求の際留保をなしたるとき
は到達の通知を受けたる後一月内に限り賠償金を返還して託送手荷物又は運送
品の引渡を受くることを得

第十三条の二　荷受人及荷送人を確知することあたわざる運送品は国土交通大
臣の定むる所により公告をなしたる後六月内にその権利者を知るあたわざる場
合においては鉄道その所有権を取得す。託送手荷物及一時預り品につき亦（ま
た）同じ

第十三条の三　鉄道がその責に帰すべからざる事由により貨物の引渡をなすこ
とあたわざるときは貨主の費用をもってこれを倉庫営業者に寄託することを得

○2　貨物を寄託したるときは鉄道は遅滞なく荷送人及荷受人に対しその通知
を発することを要す

○3　貨物を寄託したる場合において倉荷証券を作製せしめたるときはその証
券の交付をもって貨物の引渡に代うることを得

○4　鉄道は第一項の費用の弁済を受くるまで倉荷証券を留置することを得

○5　前四項の規定は貨物の引取期間内にその引取なき場合にこれを準用す

第十四条　運賃償還の債権はこれを行使することを得べきときより一年間行使
せざるときは時効によりて消滅す

第十五条　旅客は営業上別段の定ある場合のほか運賃を支払い乗車券を受くる
にあらざれば乗車することを得ず

○2　乗車券を有する者は列車中席の存在する場合に限り乗車することを得

第十六条　旅客が乗車前旅行を止めたるときは鉄道運輸規程の定むる所により
運賃の払戻を請求することを得

○2　乗車後旅行を中止したるときは運賃の払戻を請求することを得ず

第十七条　天災事変その他やむを得ざる事由により運送に著手（着手）し又はこ
れを継続することあたわざるに至りたるときは旅客及荷送人は契約の解除をな
すことを得。この場合において鉄道は既になしたる運送の割合に応じ運賃その
他の費用を請求することを得

第十八条　旅客は鉄道係員の請求ありたるときは何時にても乗車券を呈示し検
査を受くべし

○2　有効の乗車券を所持せず又は乗車券の検査を拒み又は取集の際これを渡
さざる者は鉄道運輸規程の定むる所により割増賃金を支払うべし

○3　前項の場合において乗車停車場不明なるときはその列車の出発停車場より運
賃を計算す。乗車等級不明なるときはその列車の最優等級により運賃を計算す

第十八条の二　鉄道による旅客の運送に係る取引に関する民法（明治二十九年
法律第八十九号）第五百四十八条の二第一項の規定の適用については同項第
二号中「表示していた」とあるは「表示し、又は公表していた」とす

第十八条の三　第三条、第六条乃至（ないし）第十三条、第十四条、第十五条及

《資料——鉄道営業法》

前二条の規定は鉄道と通し運送をなす場合における船舶、軌道、自動車又は索道による運送につきこれを準用す

第十八条の四　前条の規定の適用を受くべき船舶による運送の区間及その運送業者は国土交通省令をもってこれを定む

第二章　鉄道係員

第十九条　鉄道係員の職制は国土交通省令をもってこれを定む

第二十条　鉄道事業者は鉄道係員の服務規程を定むべし

第二十一条　国土交通大臣は鉄道係員たるに要する資格を定むることを得

第二十二条　旅客及公衆に対する職務を行う鉄道係員は一定の制服を著（着）すべし

第二十三条　削除

第二十四条　鉄道係員職務取扱中旅客もしくは公衆に対し失行ありたるときは三十円以下の罰金又は科料に処す

第二十五条　鉄道係員職務上の義務に違背し又は職務を怠り旅客もしくは公衆に危害を醸すのおそれある所為（しょい）ありたるときは三月以下の懲役又は五百円以下の罰金に処す

第二十六条　鉄道係員旅客を強いて定員を超え車中に乗込ましめたるときは三十円以下の罰金又は科料に処す

第二十七条　削除

第二十八条　鉄道係員道路踏切の開通を怠り又は故なく車両その他の器具を踏切に留置し因て往来を妨害したるときは三十円以下の罰金又は科料に処す

第三章　旅客及公衆

第二十九条　鉄道係員の許諾を受けずして左の所為をなしたる者は五十円以下の罰金又は科料に処す

一　有効の乗車券なくして乗車したるとき

二　乗車券に指示したるものより優等の車に乗りたるとき

三　乗車券に指示したる停車場において下車せざるとき

第三十条　託送手荷物又は運送品の種類又は性質を詐称したる者は五十円以下の罰金又は科料に処す。記名乗車券を買求むる際氏名を詐称したる者亦同じ

第三十条の二　前二条の所為は鉄道の告訴あるに非ざれば公訴を提起することを得ず

第三十一条　鉄道運送に関する法令に背き火薬類その他爆発質危険品を託送し又は車中に携帯したる者は五十円以下の罰金又は科料に処す

第三十二条　列車警報機を濫用したる者は五十円以下の罰金又は科料に処す

第三十三条　旅客左の所為をなしたるときは三十円以下の罰金又は科料に処す

一　列車運転中乗降したるとき

二　列車運転中車両の側面にある車扉を開きたるとき

三　列車中旅客乗用に供せざる箇所に乗りたるとき

第三十四条　制止を肯（がえん）ぜずして左の所為をなしたる者は十円以下の科料に処す

一　停車場その他鉄道地内吸煙禁止の場所及吸煙禁止の車内において吸煙したるとき

二　婦人のために設けたる待合室及車室等に男子みだりに立入りたるとき

第三十五条　鉄道係員の許諾を受けずして車内、停車場その他鉄道地内において旅客又は公衆に対し寄付を請い、物品の購買を求め、物品を配布しその他演説勧誘等の所為をなしたる者は科料に処す

第三十六条　車両、停車場その他鉄道地内の標識掲示を改竄、毀棄、撤去し又は灯火を滅し又はその用を失わしめたる者は五十円以下の罰金又は科料に処す

○2　信号機を改竄、毀棄、撤去したる者は三年以下の懲役に処す

第三十七条　停車場その他鉄道地内にみだりに立入りたる者は十円以下の科料に処す

第三十八条　暴行脅迫をもって鉄道係員の職務の執行を妨害したる者は一年以下の懲役に処す

第三十九条　車内、停車場その他鉄道地内において発砲したる者は三十円以下の罰金又は科料に処す

第四十条　列車に向て瓦石類を投擲したる者は科料に処す

第四十一条　第四条の規定に違反し伝染病患者を乗車せしめたる者は百円以下の罰金又は科料に処す。伝染病患者その病症を隠蔽して乗車したるとき亦同じ

○2　前項の場合において途中下車せしめたるときといえども既に支払いたる運賃はこれを還付せず

第四十二条　左の場合において鉄道係員は旅客及公衆を車ほか又は鉄道地ほかに退去せしむることを得

一　有効の乗車券を所持せず又は検査を拒み運賃の支払を肯ぜざるとき

二　第三十三条第三号の罪を犯し鉄道係員の制止を肯ぜざるとき又は第三十四条の罪を犯したるとき

三　第三十五条、第三十七条の罪を犯したるとき

四　その他車内における秩序をみだるの所為ありたるとき

○2　前項の場合において既に支払いたる運賃はこれを還付せず

第四十三条　削除

（以下付則、省略）

第一章　総則

《資料──鉄道運輸規程》

鉄道運輸規程

（昭和十七年二月二十三日鉄道省令第三号）
最終改正：平成一五年三月二八日国土交通省令第三八号

第一条　鉄道は運輸の安全便益を旨とし係員をして懇切にその職務を行わしむべし

第二条　旅客、貨主及公衆は鉄道係員の職務上の指図に従うべし

第三条　旅客、手荷物又は貨物の取扱に関する鉄道の処置を不当なりとして申告をなしたる者に対しては鉄道は遅滞なくこれが弁明をなすべし。ただし氏名及住所を明示せざる者に対してはこの限にあらず

第四条　鉄道は停車場に運賃表、料金表、旅客列車（混合列車を含む以下同じ）の時刻表その他運輸上必要なる諸表規則等を備付くべし

第五条　鉄道は旅客又は貨主に対し通知を発すべき場合においてその責に帰すべからざる事由によりこれを発することあたわざるとき又は著しく困難なるときは当該停車場における掲示をもってこれに代うることを得

第六条　削除

第七条　第十九条、第二十八条乃至第三十四条、第七十三条乃至第七十五条、第七十八条及第七十九条の規定は鉄道と通し運送をなす場合における軌道、自動車又は索道による運送にこれを準用す

第二章　旅客運送

第八条　鉄道は停車場に当該停車場よりの旅客運賃表及当該停車場における旅客列車の出発時刻表の摘要を掲示すべし

○2　鉄道は主要なる停車場には当該停車場における旅客列車の到著（到着）時刻表の摘要を掲示すべし

○3　第一項の出発時刻表には終著（終着）停車場の名称、列車及これに連結する客車の種類並に連絡列車の摘要を付記すべし

第九条　鉄道は旅客列車が著しく遅延して発著（発着）し又はその運転を中断しもしくは休止したるときは遅滞なくその旨を関係停車場に掲示すべし

第十条　鉄道は旅客の同伴する六年未満の小児を旅客一人につき少くとも一人まで無賃をもって運送すべし

○2　割引乗車券をもって乗車する旅客又は乗車位置の指定をなす列車もしくは客車に乗車し特に小児のためその座席を請求する旅客については鉄道は前項の規定によらざることを得

○3　鉄道は十二年未満の小児を第一項の規定により無賃をもって運送するものを除き大人の運賃の半額をもって運送すべし

241

○4　前項の規定による運賃に十円未満の端数あるときは鉄道の定むる所により切上げ計算をなすことを得

第十一条　鉄道は旅客に対し運賃及料金の正算払を請求することを得

第十二条　乗車券には通用区間、通用期間、運賃額及発行の日付を記載することを要す。ただし特別の事由ある場合はこれを省略することを得

第十三条　乗車券はその通用区間中何れの部分についてもその効力を有す。ただし特種の乗車券又は列車につき鉄道が別段の定をなしたるときはこの限にあらず

○2　鉄道は前項の規定に拘らず乗継停車場を限定することを得

第十四条　旅客は改札前旅行を止めたるときは乗車券の発行当日に限り当該乗車券を返還して運賃の払戻を請求することを得。この場合においては鉄道は相当の手数料を請求することを得

○2　旅客は改札後乗車券相当の座席なきため旅行を止めたるときは遅滞なく鉄道係員の認諾を受け当該乗車券を返還して運賃の払戻を請求することを得

○3　前二項の場合を除くのほか旅客は旅行を止めたることを事由として運賃の払戻を請求することを得ず

第十五条　旅客は乗車券相当の座席なきときはあらかじめ鉄道係員の認諾を受け下級車に乗車して運賃の差額の払戻を請求することを得

○2　前項の場合を除くのほか旅客は下級車に乗車したることを事由として運賃の差額の払戻を請求することを得ず

○3　旅客はあらかじめ鉄道係員の認諾を受け鉄道の定むる運賃を支払い上級車に乗車することを得

第十六条　旅客は列車に乗後れたるため発行当日限り通用の乗車券がその効力を失うべき場合においては遅滞なく当該乗車券を鉄道係員に提出しその翌日まで通用期間の延長を請求することを得。ただし特に列車を指定したる乗車券を所持する旅客に在りてはこの限にあらず

第十七条　天災事変その他やむことを得ざる事由により列車の運転を中断したるときは鉄道は旅客に対し相当の便宜を与えこれが保護をなすべし

○2　前項の場合において旅客の請求あるときは出発停車場まで無賃をもって送還すべし

○3　前項の規定により旅客を送還する場合においては鉄道は既に運送したる区間に対する運賃を控除し残額の払戻をなすべし

第十八条　列車が遅延して到著したるため旅客が相当の時間中に接続する列車に乗継ぐことあたわざるときは鉄道は旅客の請求により出発停車場（途中下車したるときはその 最近下車停車場）まで無賃をもって送還すべし。ただし旅客が出発停車場に向い運転する最初の列車をもって中断なく復帰する場合に限る

○2　前項の規定により旅客を送還する場合においては鉄道は既に支払を受け

たる運賃（途中下車したるときはその最近下車停車場と出発停車場との区間に対する運賃を控除したる残額）の払戻をなすべし

第十九条　有効の乗車券を所持せずして乗車し又は乗車券の検査を拒みもしくは取集の際これを渡さざる者に対し鉄道はその旅客が乗車したる区間に対する相当運賃及その二倍以内の増運賃を請求することを得

第二十条　旅客は列車の出発合図ありたる後は乗車することを得ず

○2　旅客は列車が停車場に停車したる後に非ざれば下車することを得ず

○3　旅客は列車が停車場ほかにおいて停車したるときは鉄道係員の許諾を受くるに非ざれば下車することを得ず

第二十一条　旅客は左に掲ぐる行為をなすべからず

一　秩序をみだし又は風俗を害する行為

二　保健衛生上有害なる行為

三　車両、器具その他鉄道の設備を損壊すべきおそれある行為

四　他人に危害を及ぼすべきおそれある行為

第二十二条　鉄道は時刻表に指示したる列車をその時刻前に出発せしむることを得ず

○2　鉄道は天災事変その他やむことを得ざる事由ある場合又は公益上の必要ある場合を除くのほか時刻表に指示したる列車の運転を休止することを得ず

第二十三条　旅客は自ら携帯し得る物品にして左の各号の一に該当せざるものに限りこれを客車内に持込むことを得

一　爆発質、自然発火質、腐蝕質その他危害を他に及ぼすべきおそれある物品。ただし銃用実包又は銃用空包にして二百箇以内（業務上の必要により銃用実包又は銃用空包を携帯する者がその者の専用に供する列車に乗車する場合は五百箇以内）、銃用雷管又は銃用雷管つき薬莢にして四百箇以内、銃用火薬にして容器荷造共一瓩（キログラム）以内 及導火線又は電気導火線にして容器荷造共三瓩以内を超えざるものを除く

二　酒類、油類その他引火し易き物品。ただし旅行中使用する少量のものを除く

三　刃物但し同乗者に危害を及ぼすべきおそれなき様梱包したるものを除く

四　煖炉及焜炉。ただし懐中用のもの又は直に使用し得ざるものを除く

五　死体

六　動物。ただし鉄道において客車内に携帯することを許諾したる小動物にして同乗者に迷惑を及ぼすべきおそれなきものを除く

七　不潔、臭気等のため同乗者に迷惑を及ぼすべきおそれある物品

八　座席又は通路を塞ぐべきおそれある物品及客車を毀損すべきおそれある物品

○2　前項の物品については旅客自らこれを保管する責に任ず

○3　第一項第一号但書の火薬類は銃用実包、銃用空包及銃用雷管つき薬莢を

弾帯に挿入する場合を除きこれを容器に収納しかつ旅客かこれを車内に持込む場合は火気その他保安につき特に注意すべし

第二十四条 　旅客が前条第一項第一号乃至第七号に掲ぐる物品を客車内に持込み又は持込まんとしたるときは鉄道係員は旅客を車ほか又は鉄道地ほかに退去せしむることを得

〇2　前項の場合においては旅客は既に支払いたる運賃及料金の払戻を請求することを得ず

〇3　鉄道は前二項の規定によるのほかその物品につき乗車券に記載したる通用区間（有効の乗車券を所持せざるときは乗車列車の運転区間）に対する相当運賃及その十倍以内の増運賃並に前条第一項第一号及第二号に掲ぐる物品に在りてはなおその重量一瓲につき金千円以内の増運賃を請求することを得

〇4　前項の規定は損害賠償の請求を妨げず

第二十五条 　旅客が第二十三条第一項第八号に掲ぐる物品を客車内に持込みたるときは鉄道はその物品につき旅客の乗車区間における運送の委託を受けたるものと看做（みな）し相当運賃を請求することを得

〇2　前項の場合においてその物品が直に運送の引受をなすに適せざるものなるときは鉄道は旅客を最近停車場に下車せしめかつその物品につき既に運送したる区間に対する相当運賃を請求することを得

第三章　荷物運送

第一節　通則

第二十六条 　旅客又は荷送人は託送手荷物又は貨物の種類、性質、重量、運送距離その他運送の態様に従いその滅失、毀損及鉄道の設備又は他の託送手荷物若は貨物その他に対する損害を生ぜしめざる様適当なる荷造をなすべし

第二十七条 　荷送人は貨物のほか面にその品名、到達停車場の名称、荷送人及荷受人の氏名もしくは商号及住所並に配達をなすべきものに在りてはその届先を明瞭に記載し又はこれ等の事項を記載せる荷札を括付すべし。旅客が託送する手荷物につき亦同じ

第二十八条 　左に掲ぐるものを高価品とす

一　貨幣、紙幣、銀行券、印紙、郵便切手、民間事業者による信書の送達に関する法律（平成十四年法律第九十九号）第二条第六項に規定する一般信書便事業者又は同条第九項に規定する特定信書便事業者による同条第二項に規定する信書便の役務に関する料金の支払のために使用し得る証票及公債証書、財務省証券、株券、債券、商品券その他の有価証券並に金、銀、白金その他の貴金属、いりぢうむ、たんぐすてんその他の稀金属、金剛石、紅玉、緑柱石、琥珀、真珠その他の宝玉石、象牙、鼈甲、珊瑚及その各製品

二　美術品及骨董品

《資料──鉄道運輸規程》

三　容器荷造を加へ一瓩の価格金四万円の割合を超ゆる物。ただし動物を除く

○2　高価品と高価品にあらざるものとを混ぜる場合において容器荷造を加え一瓩の価格金四万円の割合を超えざるときはこれを高価品にあらざるものとみなす

○3　第一項第三号及前項の場合における重量及価格は一荷造毎にこれを計算す

第二十九条　要償額の表示は送り状を提出する場合においては送り状にこれを記載し、送り状を提出せざる場合においては鉄道の定むる要償額申告書をもってこれをなすことを要す

○2　第五十三条の規定は前項の要償額申告書にこれを準用す

第三十条　要償額の表示料は左の割合を超ゆることを得ず

一　託送手荷物（第二号及第三号に該当するものを含む）　表示額金千円まで毎に　金一円

二　高価品　同　金一円

三　動物　同　金三円

四　その他の貨物　同　金五十銭

○2　前項の規定は一口につき金十円を超えざる範囲内において最低料金を設定することを妨げず

○3　鉄道営業法第十一条第二項 の規定による超過部分に対する表示料についてはこれが払戻を請求することを得ず

第三十一条　託送手荷物又は貨物に対する引渡期間は左の各号の期間を合算したるものとす

一　発送期間

二　輸送期間

三　集配期間

○2　発送期間は託送手荷物に在りては運送のため受取りたる日としその他の貨物に在りては運送のため受取たる日及その翌日とす。ただし第五十六条の規定により受取りたる貨物に在りてはこれを発送し得るに至りたる日をもって運送のため受取りたる日とみなす

○3　輸送期間は運賃計算の場合における輸送の経路に由り各鉄道毎に左の各号の通とす

一　託送手荷物については四百粁まで毎に一日

二　貨物については百六十粁まで毎に一日

○4　集配期間は停車場ほかにおいて託送手荷物又は貨物の受取又は引渡をなす場合にはその各につき一日とす

○5　鉄道の責に帰すべからざる事由により前各項の規定により計算したる引渡期間満了後託送手荷物又は貨物の引渡ありたる場合においてはその遅延日数だけ引渡期間は延長せられたるものとみなす

○6 前各項の規定により計算したる引渡期間満了後託送手荷物又は貨物の引渡ありたる場合においては鉄道がその引渡の準備をなしかつ到達の通知を発すべきものにつきその通知を発したるときはその後の期間については鉄道の責に帰すべき事由ある場合を除くのほか引渡期間はこれを超過せざりしものとみなす

第三十二条 鉄道は運送を引受けたる動物についてはこれが飼養の責に任ぜず

第三十三条 鉄道は託送手荷物又は貨物が損敗すべきおそれある場合においては旅客又は貨主に対し相当の期間を定めその処分につき指図をなすべき旨を催告すべし

○2 前項の場合において旅客もしくは貨主が指図をなさざるとき又はその指図を待つことあたわざるときは鉄道は旅客又は貨主の費用をもってこれを公売することを得

○3 前項の規定により公売をなしたるときは鉄道は遅滞なくこれを旅客又は貨主に通知すべし

○4 第二項の規定により公売をなしたる場合においては鉄道はその売却代金を運賃、料金その他の費用の弁済に充当し残額あるときはこれを旅客又は貨主に交付し不足額あるときはこれが支払を請求することを得

第三十四条 鉄道は託送手荷物又は貨物の引渡をなす際滅失、毀損又は延著を事由として旅客又は貨主の請求あるときはその引渡品の数量、状態又は引渡の年月日につき証明をなすことを要す

第三十五条 第二十四条の規定は旅客又は公衆が物品の無賃運送を図り因て運賃を逋脱（ほだつ）し又は逋脱せんとしたる場合にこれを準用す

第二節　手荷物運送

第三十六条 旅客は鉄道が手荷物の運送をなさざる定その他別段の定をなしたる場合を除くのほかその旅行に必要なる物品を手荷物として託送することを得

第三十七条 旅客は火薬類その他の危険品、危害を他に及ぼすべきおそれある物品又は臭気を発し若は不潔なる物品を手荷物として託送することを得ず

第三十八条 削除

第三十九条 旅客は手荷物を託送せんとするときはその乗車券を鉄道係員に呈示すべし

第四十条 鉄道は運送のため手荷物を受取りたるときは手荷物符票を交付すべし

第四十一条 鉄道は託送手荷物を旅客と同一列車をもって運送すべし。ただし運送上の支障ある場合はこの限にあらず

第四十二条 鉄道は手荷物符票を所持する旅客に託送手荷物の引渡をなすべし

○2 旅客が手荷物符票を所持せずして託送手荷物の引渡を請求したるときは

《資料——鉄道運輸規程》

鉄道は当該旅客がその権利を証明し又は相当の担保を供したる場合に限りこれが引渡をなすことを得

第四十三条　鉄道はあらかじめ旅客の請求あるときは途中停車場において託送手荷物の引渡をなすべし。ただし運送上の支障ある場合はこの限にあらず

○2　前項の場合においては旅客は既に支払いたる運賃の払戻を請求することを得ず

第四十四条　鉄道は第十七条第二項又は第十八条第一項の規定により送還する旅客の託送手荷物をその旅客が送還せらるべき区間に限り無賃をもってこれを返送すべし

○2　第十七条第三項又は第十八条第二項の規定は前項の規定により返送する託送手荷物の運賃の払戻にこれを準用す

第四十五条　旅客が託送手荷物の到達したる後二十四時間内にこれを引取らざるときは鉄道はその後の時間に対し相当の保管料を請求することを得

第四十六条　第五十九条の規定は旅客が手荷物として託送し得ざる物品を他の品名により託送したる場合にこれを準用す

第三節　貨物運送

第四十七条　貨物を託送せんとする者は鉄道の許諾を受けたるときは当該貨物を託送するに至るまで自己の責任をもって停車場その他鉄道地内に一時これを留置することを得

○2　前項の場合においては鉄道は相当の留置料を請求することを得

第四十八条　貨物を託送せんとする者は鉄道の定むる時間内にその手続をなすべし

第四十九条　死体を託送せんとする者は死亡証書を呈示してこれが運送の申込をなすべし

○2　死体の託送人は送り状に死亡証書の写を添付すべし

第五十条　荷送人は貨物を託送する際送り状を提出することを要す

○2　送り状には左の事項を記載することを要す。ただし貸切貨車積以ほかの貨物の送り状に在りては鉄道の定むる所により第一号乃至第三号に掲ぐる事項を省略することを得

一　貨物の品名、重量又は容積及その荷造の種類、箇数並に記号

二　発送停車場の名称

三　到達停車場の名称

四　荷受人の氏名又は商号及住所

五　要償額を表示するときはその金額

六　高価品につきその価額を明告するときはその金額

七　運賃の支払方法

八　特約あるときはその事項

247

九　送り状の作成地及その作成の年月日

十　荷送人の氏名又は商号及住所

第五十一条　荷送人は送り状の記載につき鉄道に対しその責に任ず

第五十二条　鉄道は荷送人より貨物を受取りたるときは送り状にその受取番号を記入すべし

第五十三条　荷送人は送り状を提出する際その謄本の交付を請求することを得

○2　前項の規定により運送状の謄本を交付する場合においては鉄道は相当の手数料を請求することを得

第五十四条　荷送人は貨物を託送する際その運賃及料金を支払うべし

○2　前項の場合においてその金額を確定することあたわざるときは鉄道の請求により概算額を支払うべし

第五十五条　鉄道は死体又は動物の運送を引受けたるときはその受取の日時を指定することを得

第五十六条　鉄道は貨物の運送を引受けたる場合において直にその運送をなし得ざるときといえども特約をもって当該貨物を受取ることを。この場合においては送り状にその特約条項を記載することを要す

○2　前項の場合においては鉄道はその貨物の運送をなすことを得るに至るまでの期間に対し相当の保管料を請求することを得

第五十七条　削除

第五十八条　鉄道は死体、動物その他特種の管理を要する貨物の運送につき付添人を付すべきことを請求することを得

○2　鉄道は荷送人に対し相当の付添人料を請求することを得

○3　付添人の管理する貨物については鉄道はこれが保管の責に任ぜず

○4　付添人は貨物の運送中における管理に必要なる物品にあらざればこれを車内に持込むことを得ず

第五十九条　貨物の品名、重量その他送り状の記載に基き計算したる運賃が正当運賃に不足する場合においては鉄道は不足額及その十倍以内の増運賃を請求することを得

○2　荷送人が火薬類その他の危険品を他の品名により託送したるときは前項の規定によるのほか鉄道はその重量一瓩につき金千円以内の増運賃を請求することを得

○3　前二項の規定は損害賠償の請求を妨げず

第六十条　貨物の積卸は鉄道においてこれをなすべし。ただし貸切貨車積貨物、死体、動物及一箇の長六米、重量三百瓩又は容積一立方米を超ゆる貨物の積卸は貨主においてこれをなすべし

第六十一条　貨主が貨物の積卸をなすべき場合においては鉄道はその積卸の準備をなしたる後貨主に対しその旨の通知を発すべし

第六十二条　貨主が鉄道の定むる積卸時間内に貨物の積卸を完了せざるときは

《資料──鉄道運輸規程》

鉄道はその後の時間に対し相当の貨車留置料を請求することを得

○2 鉄道は貨主が取卸時間内に貨物の取卸をなさざるときは貨主の費用をもってその取卸をなすことを得

第六十三条 貨主が貨物の積卸をなすべき場合において鉄道の機械又は器具を使用するときは鉄道は相当の使用料を請求することを得

第六十四条 鉄道は無蓋貨車用の覆布及綱を準備すべし

○2 鉄道は前項の覆布又は綱の使用については料金を請求することを得ず

第六十五条 貨物の種類又は性質により鎖錠を要するもの又は濡損もしくは引火のおそれあるものは有蓋貨車に搭載すべし。ただし特約ある場合はこの限にあらず

第六十六条 死体は特約により特別車に搭載する場合を除くのほか手荷物車又は有蓋貨車に搭載すべし

○2 死体は他の託送手荷物又は貨物と隔離して搭載すべし

○3 飲食物又はその原料品は死体と同一車に搭載することを得ず

第六十七条 死体は運送上の支障ある場合を除くのほか到達停車場に直通する列車をもって急送すべし

第六十八条 貨物が到達停車場に到達したるときは鉄道は遅滞なく到達の通知を発すべし。ただし配達をなすべきものに在りてはこの限にあらず

第六十九条 死体が到達停車場に到達したるときは遅滞なくこれを引取るべし

○2 死体が到達したる後六時間内にこれを引取らざるときは鉄道は到達地所轄警察署にその旨を届出づべし

第七十条 削除

第七十一条 貨主が鉄道の定むる引取時間内に貨物の引渡に応ぜざるときは鉄道はその後の時間に対し相当の保管料を請求することを得

○2 貨主が貨物の引渡を受けたる後これを引取らざるときは鉄道は相当の留置料を請求することを得。ただし引取時間内はこの限にあらず

第七十二条 天災事変その他やむことを得ざる事由により貨物の運送を継続することあたわざる場合において荷送人の請求あるときは鉄道は発送停車場まで無賃をもってこれを返送すべし

○2 第十七条第三項の規定は前項の規定により返送する貨物の運賃の払戻にこれを準用す

第四章　鉄道の責任

第七十三条 要償額の表示なき託送手荷物、高価品又は動物の滅失又は毀損による損害につき鉄道が賠償の責に任ずる場合においては鉄道に悪意又は重大なる過失ある場合を除くのほか左の金額を超え賠償の責に任ぜず

一　託送手荷物（第二号及第三号に該当するものを含む）　一個につき金十万円。ただし旅客一人につき金十六万円を最高額とす

二　高価品一瓩（容器荷造を含む）まで毎に金四万円。ただし一口金四百万円を最高額とす

三　動物

牛　一頭につき　金二十五万円

子牛　同　金十万円

馬　同　金十五万円

豚　同　金二万五千円

犬　同　金三万円

その他の獣類　同　金二万円

その他の動物　一瓩（容器荷造を含む）まで毎に金二千円。ただし一口金二十万円を最高額とす

第七十四条　要償額の表示ある託送手荷物又は貨物の延著による損害につき鉄道が賠償の責に任ずる場合において支払うべき金額は鉄道に悪意又は重大なる過失ある場合を除くのほか左の各号による

一　請求者において延著による損害額を証明したる場合においては表示額を限度として一切の損害額

二　その他の場合においては運賃額を限度として延著の期間一日まで毎に運賃額の百分の十

〇2　要償額の表示なき託送手荷物又は貨物の延著による損害につき鉄道が賠償の責に任ずる場合において支払うべき金額は鉄道に悪意又は重大なる過失ある場合を除くのほか左の各号による

一　請求者において延著による損害額を証明したる場合においては運賃額を限度として一切の損害額

二　その他の場合においては運賃額の二分の一を限度として延著の期間一日まで毎に運賃額の百分の五

〇3　前二項の場合における運賃額は当該託送手荷物又は貨物の運賃額及その集配のため受くる金額を合算したる額とす

〇4　第一項第二号及第二項第二号の場合において託送手荷物又は貨物の一部が延著し又は延著の期間を異にするとき鉄道の支払うべき金額は延著したる各部分の数量につきこれを計算す

第七十五条　鉄道営業法第十三条第二項の規定による留保ありたる場合において留保者の請求あるときは鉄道はこれが証明をなすことを要す

〇2　鉄道営業法第十三条第二項の規定による留保ありたる託送手荷物又は貨物につきその到達、発見等により引渡をなすことを得るに至りたるときは鉄道は賠償を受けたる者に対し遅滞なくその旨を通知すべし

第七十六条　一時預り品の滅失又は毀損による損害につき鉄道が賠償の責に任ずる場合においては鉄道に悪意又は重大なる過失ある場合を除くのほか一箇につき金三万円を超え賠償の責に任ぜず

《資料——鉄道運輸規程》

第五章　非常事態発生の際における運送（昭二一運令七・改称）

第七十七条　非常事態の発生に際し運送上の必要ある場合においては鉄道は第四条、第八条、第十条第一項、第十五条及第二十二条第一項の規定によらざること及第十三条第一項本文の規定に拘らず乗車券の効力につき別段の定をなすことを得

第七十八条　非常事態の発生に際し運送上の必要ある場合においては鉄道は貨物の受取の日時を指定し又は貨物を託送せんとする者に対しその託送前貨物の品名、数量、到達停車場の名称等を申告すべきことを請求することを得

第七十九条　非常事態の発生に際し運送上の必要ある場合においては鉄道は託送手荷物又は貨物に対する引渡期間の算定に当り合算せらるべき発送期間その他の期間を各二倍以内に延長することを得

（以下付則、省略）

索 引

あ

EX-IC……………………………51

e5489……………………46・150

運賃……………………………28・56

運賃計算キロ……………………59

営業キロ………………………56

Ａ特急料金……………………88

駅内の天然温泉…………………228

エキナカ………………………214

えきねっと……………………45・149

駅弁……………………………214

駅前食堂………………………214

駅前旅館………………………215

エクスプレス予約…46・51・148・149

SL列車…………………………210

遠距離逓減制度…………………126

往復乗車券……………………31・129

往復割引………………………127

大回り乗車……………………65・84

遅れ承知特急券…………………195

おとな（大人）…………………38

大人の休日倶楽部………………147

おとなび………………………148

か

回数乗車券……………………31・33

学割……………………………39

片道乗車券……………………31

観光案内所……………………225

観光列車………………………210

閑散期…………………………89

換算キロ………………………59

幹線……………………………59

擬制キロ………………………60

きっぷの紛失…………………184

急行券…………………………29

共同浴場（外湯）………………227

近鉄特急………………………111

区間外乗車……………………67・69

区間変更………………………176

グランクラス…………………103・105

グリーン券・グリーン料金 30・101・103・105		事前申し込み（えきねっと）……151	
グリーン個室 ……………………109		指定券 ……………………………30	
継続乗車 …………………………91		指定券自動券売機 ………………48	
交通系 IC カード ………………41		指定券の発売日 …………………36	
個室寝台車 …………………104・208		自転車の持ち込み ……………220	
誤乗 ……………………………182		ジパング倶楽部 ………………147	
こども（小児）…………………38		車内販売 ………………………213	
コンパートメント ……………109		自由席 …………………………157	
		自由席特急券 ……………………90	

さ

サイクルトレイン ……………220		周遊券 …………………………163	
再収受証明 ……………………185		乗車券 ……………………………28	
座席指定券 ………………………30		乗車券の発売日 …………………36	
座席指定料金 …………………102		乗車券類 …………………………30	
座席未指定券 ……………………91		乗車券類変更 …………………174	
サーフボードの持ち込み ……220		乗車整理券 …………………30・107	
サンライズエクスプレス ……208		乗車整理料金 …………………107	
JRE POINT ……………………150		乗車変更 ………………………174	
時刻表 …………………………206		小児運賃・料金 …………………38	
事故列変 ………………………192		新幹線 e チケット ………………51	
C 制 ………………………………53		新幹線特急券 ……………………95	
GPS ロガーアプリ ……………224		寝台券 ……………………………30	
		寝台料金 ………………………104	

スマートEX ……………………51

青春18きっぷ …………117・140・143

全線完乗 …………………231

選択乗車 …………………67

前途無効 …………………146

た

代替輸送 …………………189

大都市近郊区間 ………………65

他経路乗車 …………………191

多目的室 …………………217

団体乗車券 ………………31・33

チケットレスサービス ……………51

地方交通線 …………………59

通過連絡運輸 ………………74・98

通常期 …………………89

定期乗車券 ………………31・33

手数料 …………………178

鉄道運輸規程 …………22・26・241

鉄道営業法 …………22・25・236

手回り品 …………………219

電車特定区間 …………………61

東京山手線内発着 ………………63

特定区間 …………………67・83

特定都区市内発着 ………………62

特定特急券 ………………97・99

都区内の通過 ………………67・69

途中下車 …………………78・82

特急券・特急料金 ……86・95・98・194

な

乳児 …………………38

入場券 …………………80

ネット予約 …………………149

乗り遅れ …………………183

乗り越し …………………176

乗継請求 …………………93

乗継割引 …………………92

は

払い戻し …………178・180・190・194

繁忙期 …………………89

B特急料金 …………………88

普通乗車券 …………………31

普通手回り品料金	219	立席特急券 … 91
普通列車 …	29	料金 … 29
振替輸送・振替乗車 …	186	旅客営業規則 … 26
フリープラン …	162	旅客営業取扱基準規程 … 26
分割買い …	132	旅客連絡運輸規則 … 74
紛失再 …	184	旅行代理店 … 35
ペットの持ち込み …	219	旅行中止 … 178・180・190
別途旅行 …	191	旅行貯金 … 232
ホームライナー料金 …	108	レストラントレイン … 212

普通手回り品料金 …………… 219
普通列車 ……………………… 29
振替輸送・振替乗車 ………… 186
フリープラン ………………… 162
分割買い ……………………… 132
紛失再 ………………………… 184
ペットの持ち込み …………… 219
別途旅行 ……………………… 191
ホームライナー料金 ………… 108

立席特急券 …………………… 91
料金 …………………………… 29
旅客営業規則 ………………… 26
旅客営業取扱基準規程 ……… 26
旅客連絡運輸規則 …………… 74
旅行代理店 …………………… 35
旅行中止 ………… 178・180・190
旅行貯金 ……………………… 232
レストラントレイン ………… 212
列車代行バス ………………… 189
レール＆レンタカーきっぷ … 159
連続乗車券 ………… 31・33・130
連絡運輸 ………………… 74・98
連絡乗車券 …………………… 74

ま

みどりの窓口 ………………… 34
ムーンライトながら ………… 209
無賃送還 ………………… 182・190

や

有効期間 ………… 76・129・190
輸送障害 ……………………… 186
幼児 …………………………… 38

ら

ライナー券 ……………… 30・108

わ

ワープ（青春18きっぷ）…… 143
割引きっぷ …… 134・136・138・145

土屋武之(つちや・たけゆき)

1965年、大阪府豊中市生まれ。鉄道員だった祖父、伯父の影響や、阪急電鉄の線路近くに住んだ経験などから、幼少時より鉄道に興味を抱く。大阪大学では演劇学を専攻し劇作家・評論家の山崎正和氏に師事。出版社勤務を経て1997年にフリーライターとして独立。2004年頃から鉄道を専門とするようになり、社会派鉄道雑誌『鉄道ジャーナル』のメイン記事を毎号担当するなど、社会の公器としての鉄道を幅広く見つめ続けている。著書に『鉄道のしくみ・基礎篇／新技術篇』(ネコ・パブリッシング)、『誰かに話したくなる大人の鉄道雑学』(SBクリエイティブ) など。

装丁…松村大輔（のどか制作室）
DTP・本文デザイン…Lush!
企画・編集…磯部祥行

きっぷのルール ハンドブック 増補改訂版(ぞうほかいていばん)

2020年4月25日　初版第1刷発行

著　者　土屋武之
発行者　岩野裕一
発行所　株式会社実業之日本社
　　　　〒107-0062　東京都港区南青山5-4-30　CoSTUME NATIONAL Aoyama Complex 2F
　　　　[編集部]　TEL 03-6809-0452
　　　　[販売部]　TEL 03-6809-0495
　　　　https://www.j-n.co.jp/

印刷・製本　大日本印刷株式会社

©Takeyuki Tsuchiya 2020 Printed in Japan
ISBN978-4-408-33923-8（第一趣味）

●本書の一部あるいは全部を無断で複写・複製（コピー、スキャン、デジタル化等）・転載することは、法律で定められた場合を除き、禁じられています。また、購入者以外の第三者による本書のいかなる電子複製も一切認められておりません。
●落丁・乱丁（ページ順序の間違いや抜け落ち）の場合は、ご面倒でも購入された書店名を明記して、小社販売部あてにお送りください。送料小社負担でお取り替えいたします。ただし、古書店等で購入したものについてはお取り替えできません。
●定価はカバーに表示してあります。
●実業之日本社のプライバシー・ポリシー（個人情報の取り扱い）は、上記サイトをご覧ください。